CRÓNICAS DEL ORDEN DE MELQUISEDEC: VOLUMEN III

ROMPIENDO MALDICIONES GENERACIONALES BAJO EL ORDEN DE MELQUISEDEC

... RENCONTRANDO EL REMEDIO DE DIOS PARA LAS ANOMALÍAS GENÉTICAS Y GENERACIONALES

POR

DR. FRANCIS MYLES

AGRADECIMIENTOS

LO QUE LLEGAMOS A SER EN DIOS es una suma total de los encuentros divinos que hemos tenido, las personas a las que hemos conocido, nuestras experiencias, y los libros que hemos leído. El dicho de que "Ningún hombre es una isla" es cierto en el contexto de la autoría de este libro. Quiero reconocer el impacto que los siguientes hombres y mujeres de Dios han tenido en mi vida: El Dr. Jonathan David (mi padre en la fe), el Apóstol Harrison Chileshe (mi pastor), el Apóstol John Eckhardt (quien me presentó al ministerio apostólico), el Dr. John P. Kelly (que me comisiono como un apóstol), el Dr. Nick Castellano (por sus ideas en el campo de la bioquímica), el Dr. G. E. Bradshaw (mi hermano de pacto y cobertura espiritual), Danny Seay (quien se ha convertido en un ejemplo vivo de este mensaje del libro), el Obispo Robert Smith (quien me introdujo al mensaje de Un Hombre Nuevo), los Apóstoles Pam Vinnett y Cheryl Fortson- sus enseñanzas y las conversaciones personales que con el paso de los años han agregado a la riqueza de este libro.

Mientras que el material de este libro es original, hay algunas citas a lo largo del libro que han sido tomadas de obras publicadas por otros notables autores cristianos, que añaden profundidad al tema o enfoque. Cada uno está documentado en la sección de notas al final.

DEDICACIÓN

"El Señor emitió su palabra, y muchas mensajeras dieron la noticia"

Salmo 68:11 VRV

SE HA DICHO que los grandes proyectos nunca son la obra de un solo hombre, pero el esfuerzo colectivo de un equipo que comparte un destino común. Quiero dar un cordial "Dios te bendiga" a los hermanos y hermanas porque la publicación de este libro es una realidad. Que Dios les dé una gran cosecha por cada persona que será transformada por las verdades contenidas en este libro.

Carmela Real Myles (mi mejor amiga, esposa y socia en la empresa del Reino)

A mis hijos espirituales cuyo celo por mi misión apostólica me alimenta diariamente y que también me ayudaron a autentificar la tecnología espiritual contenida en este libro

Teri Secrest (mi alumno y socio de negocios). Teri gracias por creer en mí y el mensaje que traigo al Cuerpo de Cristo. Gracias un millón de veces por la financiación de la primera impresión de este libro.

RECOMENDACIONES

¿Está atascado con el ADN de sus antepasados? Esta enseñanza le ayudará a cambiar su salvación genética e historia!

> — Sid Roth,
> Anfitrión de ¡Es sobrenatural!

Finalmente alguien ha tomado el desafío de responder a las voces que han hecho eco a lo largo del tiempo, preguntando por qué a mí, y ¿cómo puedo detener lo que siempre he visto y "prometido que nunca llegara a ser" y ha ocurrido de todos modos. La voz de agonía finalmente ha encontrado descanso y conforte a través de este fascinante libro escrito por el Dr. Francis Myles, Rompiendo Maldiciones Generacionales Bajo el Orden de Melquisedec. Este libro calma los nervios a medida que nos educa para lograr el dominio de victorias generacionales. Esta atrevida obra de arte revela el corazón de Jesús y trae conclusiones a lloros sin esperanza y desesperados en las horas más oscuras de nuestras vidas. Por último, el amanecer de un nuevo día ha llegado, como maldiciones se destruyen permanentemente y las generaciones futuras puedan estar a la altura de sus victorias, y cada generación avanza en esas victorias. Este libro estimula el pulso de Dios para captar el linaje real y pasar al siguiente nivel. Algo obligatorio en su biblioteca porque nunca, nunca será la misma persona después de leer este libro.

> — Apóstol Helen Saddler
> *Presidente y Fundador*
> *Prelado en sus cámaras los Ministerios, Int'l*
> *Kent, Washington*

TABLE OF CONTENTS

PRÓLOGO

Una vez más, el Dr. Francis Myles capta la esencia misma del poder, el dominio y la autoridad, que como seguidores de Cristo tenemos en este planeta y cuando ese poder, es ejercido correctamente, puede romper las maldiciones generacionales en su vida y la vida de su familia. Utilizando Bioquímica, la física cuántica y la Palabra de Dios, el Dr. Myles ha dado al lector herramientas del "cómo hacerlo" paso a paso para enseñarles ese poder y romper las maldiciones generacionales o "mentalidades" pasadas a través del ADN. El Dr. Myles comparte con el lector una tecnología infalible espiritual que es reproducible y funciona una y otra vez cuando se ejerce adecuadamente en el ámbito espiritual invisible para derribar y restaurar el genoma humano en su pureza original creado por nuestro padre Dios "desde el principio". Por medio de la enseñanza y explicación detallada de estas herramientas tanto en términos científicos y espirituales el Dr. Myles ayuda a liberar al lector de cualquier esclavitud mental devolviéndole al estado de hijo a través del Orden de Melquisedec restaurado a nosotros por medio de Jesucristo.

Te alabo porque tus obras son formidables, porque todo lo que haces es maravilloso.
¡De esto estoy plenamente convencido.

Salmo 139:14

La humanidad es la maravillosa creación de Dios, y de hecho, la única hecha a su imagen y a su semejanza. Debido a este hecho, somos seres únicos y tenemos especial importancia en el plan de la creación. Estamos diseñados para reinar y gobernar el planeta Tierra como embajadores del Dios todopoderoso. Sin embargo, tenemos un enemigo en ese proceso... el pecado. Por causa del pecado, la humanidad ha perdido su autoridad territorial sobre el planeta. El pecado entró en el árbol genealógico humano y comenzó a extenderse como una plaga por toda la red biológica de la existencia humana. Todo parecía perdido y la pregunta sería: "¿Puede la humanidad recuperar su noble autoridad en este planeta y puede una vez más tener la relación eterna que necesita con Dios su creador?"

La respuesta a estas preguntas es "sí", y a través de la fuerza regeneradora de Jesucristo es lo que hemos hecho. La mayoría de los creyentes entienden el poder redentor de Cristo, pero la mayoría no sabe Este poder llega a niveles que hasta ahora han sido desaprovechados por muchos. Los orígenes de cualquier cosa, vivas o inanimadas, cuentan una historia poderosa de cómo gobernar o utilizar tal cosa en toda su extensión. Hay descubrimientos que hacer. Ser capaz de rastrear nuestros orígenes sobrenaturales a nuestro lugar restaurado en Cristo revela información importante que va a alterar nuestras vidas para siempre. Este poder espiritual nos afecta a niveles "sub-atómicos".

En la década de los 80 hubo una serie de televisión llamada "El hombre de los seis millones de dólares" (El hombre biónico). Un hombre fue herido en un accidente y se aferraba a la vida. Los médicos y los científicos colaboraron en el proceso de su restauración. Dijeron: "Podemos reconstruirlo... mejor, más fuerte, más rápido... de lo que era antes." En cierto sentido, somos en realidad, seres "genéticamente modificados" por Dios... Hombres y Mujeres de seis millones de dólares", por así decirlo. Dios nos ha regenerado en Cristo... mejores, más rápidos y más fuertes.

Mi hermano por pacto, el Dr. Francis Myles ha descubierto y explicado uno de los más grandes misterios del "Nuevo Hombre" que nunca ha sido revelado. En este poderoso libro que revela la "restauración genética" sobrenatural de la humanidad nacida de nuevo, nos muestra los niveles de victoria que parecía anteriormente imposible. Usted no será capaz de evitar el riesgo de estar intrigado e intensamente motivado para seguir a los nuevos niveles de victoria personal y corporativa. Usted se encontrará frente a las cuestiones que usted ha evitado antes, creyendo que eran cosas con las que simplemente tenía que vivir".

Ahora, la victoria ha llegado mediante este libro de una forma bíblicamente nueva, precisa y potente titulado *"Rompiendo Maldiciones Generacionales Bajo el Orden de Melquisedec!"*.

> –   Dr. Gordon E. Bradshaw
> *Apóstol de: Global Effect*
> *Ministries Network*
> *Presidente de: Scope Vision Group*

PREFACIO

Desde la antigüedad hasta la época actual, los hombres y las mujeres de todos los ámbitos de la vida tienen entendido que el pasado influye en el presente y el futuro de las cosas. Este conocimiento intrínseco puede explicar el por qué de la expresión "De tal palo, tal astilla", es común y universal. Una vez yo escuché las mujeres chismeando sobre el borracho del pueblo, diciendo: *"Juanito también se ha convertido en un borracho tal como que eran su padre y su abuelo. Cada uno de los miembros de la familia de este joven ha sido un alcohólico sin esperanza, desde que podemos recordamos."*

Por desgracia, este reconocimiento social casual de la realidad de los comportamientos. Repetitivos; ya sea bueno o malo en los seres humanos que están relacionados por consanguinidad no se le da importancia a uno de los fenómenos científicos y espirituales más complejos en la historia de la humanidad. Los recientes increíbles avances en el campo de la bioquímica, la física cuántica y la genética nos han dado un asiento de primera fila en el mundo del ADN. Los científicos están profundamente impresionados por la increíble y divina complejidad del genoma humano.

Los científicos y bioquímicos están sorprendidos por la cantidad de información sobre el carácter del ser humano, la capacidad inherente y destino que puede estar contenida en una sola hebra de ADN. Hay un gran consenso en el seno de la comunidad científica en el sentido de que el genoma humano es una rica reserva de instrucciones que contiene todo lo que se necesita saber del ADN de una persona que está bajo investigación. Lo que es cierto es que cualquier tipo de violación de la seguridad en la integridad de la cadena del ADN en el genoma humano puede afectar a cualquier persona negativamente.

Entendiendo la dinámica del ADN en el genoma humano los científicos pueden explicar en cierta medida muchas cosas. Por ejemplo: ¿Por qué el nieto de una cuarta generación de un tátara abuelo muerto (que era un alcohólico cuando estaba vivo) también lucha con la misma adicción al alcohol como su progenitor. Sin embargo, cuando se trata del estudio de la "ingeniería genética y mutación", incluso bioquímicos se limitan a lo que son capaces de comprender por sus observaciones de laboratorio. La Biblia es clara en cuanto a que todas las formas de vida tienen una plantilla espiritual detrás de su dinámica.

Por la fe entendemos que Dios creó el universo por medio de su palabra, de modo que lo que ahora vemos fue hecho de lo que no se veía

(Hebreos 11:3 VRVC)

El pasaje de la Escritura es claro que todos los elementos visibles en la creación es un subproducto de una tecnología espiritual más elevada. Esto significa que todos los elementos visibles en la creación; incluido el ADN (el genoma humano) son influenciados por las dimensiones del mundo de los espíritus. Esto también significa que la genética del árbol genealógico de una persona puede ser afectada por la fuerza creadora de Dios o ser infectado por la manipulación de poderes demoníacos u otros organismos de muerte. *La mutación genética que es causada por la manipulación demoníaca del genoma humano es la esencia de este libro.*

Esta invisible pero maligna manipulación del ADN humano por los espíritus diabólicos, con las asignaciones malignas, es lo que este libro va a abordar. La diabólica manipulación del genoma humano por poderes demoníacos a través de muchas generaciones es un fenómeno genético conocido como " Maldiciones Generacionales".

Por definición, *las Maldiciones Generacionales* son maldiciones o iniquidades que se perpetúan en un comportamiento de ciclos repetitivos durante varias generaciones. Lo que es de notar es que el fenómeno de *las maldiciones generacionales* no persigue el comportamiento aprendido, sino que sigue los patrones de comportamiento en un nivel subconsciente y genético. Si no es así, ¿cómo explicar la circunstancia de una mujer que crece bajo un padre abusivo pero que acaba atrayendo a los hombres abusivos? Observando el comportamiento abusivo del padre hacia su madre, ella promete nunca casarse con un hombre como su padre. Pero, cuando ella finalmente dice, "acepto" es a un hombre exactamente igual a su padre. ¿Cómo se puede explicar la arbitrariedad de un joven que está constantemente acudiendo al rescate de su madre contra un padre abusivo físicamente? Viendo el desgarrado y empapado rostro de su madre, él se promete a sí mismo que nunca abusara de su futura esposa, pero llega a ser físicamente abusivo después de decir "acepto".

Desearía poder decir que *los ciudadanos del Reino* (discípulos nacidos de nuevo en Cristo) no están sujetos al fenómeno de la ingeniería demoníaca maligna. Desearía poder decir que los creyentes nacidos de nuevo no pueden ser afectados por la tiranía de *las maldiciones generacionales*. Por desgracia, la amplia experiencia de la vida cristiana ha tirado esta teoría fuera del estadio.

Para hacer que este tema sea aún más personal, yo soy una antigua víctima de este insidioso fenómeno genético. Yo vi patrones de comportamiento genéticos generalizados en mi propio linaje que me asqueaban intensamente pero termine haciéndolos. Para algunos de estos comportamientos, el hecho de que yo era un nacido de nuevo temeroso hijo de Dios hizo poco para detener esas conductas subconscientes en mí.

Hace un par de años, vi al Departamento de Justicia de Texas transportar a prisión a un precioso hermano en Cristo. El está cumpliendo una sentencia de cárcel por 45 años por pedofilia por molestar a dos de sus jóvenes sobrinas, en un momento de indiscreción genética. De todas maneras, este hermano fue un hombre temeroso de Dios que amó a su esposa y sus hijos queridos. La esposa del hombre me pidió que diera a este querido hermano en Cristo una visita pastoral, mientras que él estaba esperando la sentencia. El hombre lloroso y arrepentido me dijo cómo se odiaba él mismo por lo que había hecho. Era evidente que estaba muy avergonzado de su abominable violación sexual de menores. Una investigación más a fondo sobre su indiscreción reveló los siguientes hechos:

- Había una larga historia de pedofilia en su familia.

- También había un largo historial de depresión mental en su linaje.

- El hermano había estado tomando una poderosa droga que le ayudaba a suprimir tanto su depresión mental como su insidiosa atracción sexual a menores de edad.

- El día en que el abuso sexualmente de sus dos sobrinas fue el día en que se había reusado a tomar su medicación. El medicamento que le ayudaba a suprimir estos diabólicos deseos también le produjo otros molestos efectos secundarios.

Quiero hacer constar que no apruebo ninguna forma de pedofilia o la explotación sexual de menores. Sin embargo, a través del evangelio de nuestro Señor Jesucristo, tengo gran compasión por los creyentes y pecadores por igual, que están perdiendo su lucha a las anomalías genéticas profundamente arraigadas. Muchos de ellos desean desesperadamente una solución permanente a sus luchas.

La pregunta más importante que este libro intenta dar respuesta es simplemente esta:

¿Hay algún método espiritual infalible para destruir, devolver y reversar el diseño de las mutaciones demoniacas en el genoma humano?

Respondiendo esta pregunta es la subyacente esencia y objetivo del porque escribí este libro. Después de que yo escribiera mi simiente libro *"El Orden de Melquisedec"*, y puse en marcha la Universidad de Liderazgo del Orden de Melquisedec para entrenar al Cuerpo de Cristo en la dinámica del reino viviente, he captado un profundo interés en el último módulo de la escuela del ministerio. El último módulo en nuestra escuela del Ministerio es titulado *"Rompiendo Maldiciones Generacionales Bajo el Orden de Melquisedec."* Muchos de nuestros estudiantes experimentaron grandes avances, después de que yo oraba por ellos de conformidad con las verdades contenidas en este libro. Como resultado de los avances espirituales que experimentaron, me rogaron que escribiera un libro sobre el tema.

El libro que usted posee en sus manos es el resultado de mi deseo de poner esta revelación en manos de mis estudiantes que han asistido a nuestra Universidad de Liderazgo " En vivo" y "En Línea". También es mi humilde intento de llegar a los creyentes de Dios en el cuerpo de Cristo, que están cansados de lidiar con anomalías genéticas demoníacamente ingeniadas. Es hora de que el Cuerpo de Cristo experimente *"La Salvación Genética!"*.

Suyo para el avance del reino

– Dr. Francis Myles
  Senior Pastor: *Royal Priesthood Fellowship Church (www.royalpriesthoodchurch.com)*
  Canciller: *Universidad de Liderazgo El Orden de Melquisedec (www.francismyles.com)*
  CEO: *Renaissance Marketing Group LLC*

LAS SENDAS ANTIGUAS

Una vez presente a una famosa científica del cerebro, la Dra. Aiko Hormann, en una iglesia que había plantado en Texas. Durante el seminario, hizo una declaración que me dejó sorprendido. Dijo, y cito textualmente, "en la comunidad científica, cualquier libro que tiene más de dos años se considera anticuado debido a los rápidos avances en el ámbito de la tecnología y la ciencia." Esta declaración me ayudó a darme cuenta de por qué muchos científicos luchan con el concepto de basar su fe en un libro (la Biblia), que contiene libros antiguos sobre la vida, la ciencia y la fe. Inmediatamente empecé a contrastar la declaración de la Dra. Aiko Hormann sobre la comunidad científica con la siguiente escritura en el libro de Jeremías:

> *En cambio, mi pueblo me ha olvidado y ha ofrecido incienso a dioses falsos; ha tropezado en sus caminos, en las sendas de siempre, y anda por atajos y no por el camino principal; Jeremías 18:15*
>
> *Jeremías 18:15*

En defensa de las sendas antiguas

En el pasaje de las Escrituras, Dios nos da su diagnóstico de por qué su pueblo del pacto (Israel) no estaba caminando en el favor de su presencia. Dios acusa a su pueblo de:

- Olvidarlo

- Adorar ídolos despreciables

- Caminar por senderos que nunca habían sido probados para sus vidas en el contexto predeterminado de su voluntad.

Dios concluye su diagnóstico de males espirituales de Israel, al mostrar las causas subyacentes en la raíz de su fracaso para caminar en el favor de su presencia y de su propósito predeterminado para su vida. Dios les dice a los hijos de Israel que se había olvidado de los antiguos senderos que Dios había establecido para su beneficio, antes de la fundación del mundo.

El diagnóstico y pronóstico de Dios para los males espirituales, sociales y económicos de la antigua Israel sigue siendo cierto para nuestras sociedades modernas de alta tecnología y científicamente avanzadas. La principal razón por la que esto es así, es porque toda la creación fue creada sobre el tapiz de la eterna sabiduría de Dios. Ninguna cantidad de descubrimientos científicos y tecnológicos puede anular o menoscabar la increíble sabiduría de Dios. Esta es la razón por lo que la expresión favorita de la Dra. Aiko Hormann es: "La ciencia *se está acercando a la Biblia*".

Antes del comienzo del siglo xv, muchos investigadores científicos creían que la tierra era plana y que el Sol y la Luna giraban alrededor de la tierra. Pero, en 1522 el explorador, Hernando de Magallanes, finalmente probó por sí mismo de que esta idea no era correcta, por ser la primera persona que navego completamente alrededor de la Tierra. Tras el viaje de Fernando de Magallanes, la teoría de que la tierra era plana se disipó en el aire. Se convoco a un consenso científico y se estableció el hecho de que la circular tierra gira alrededor de nuestro sol.

NINGUNA CANTIDAD DE DESCUBRIMIENTOS CIENTÍFICOS Y TECNOLÓGICOS PUEDEN ANULAR O MENOSCABAR LA INCREÍBLE SABIDURÍA DE DIOS.

Mientras que este descubrimiento científico fue muy estimulante para la comunidad científica del siglo 14, el descubrimiento no fue noticias dentro del antiguo texto hebreo.

Un justo profeta y otro empresario temeroso hombre de Dios llamados Isaías y Job (que vivió hace miles de años), ya lo habían descubierto, por revelación divina, que la tierra era redonda (circular). Este justo profeta, y este hombre temeroso de Dios, se habían adelantado a Fernando de Magallanes (por lo menos 14 siglos) en su llamado descubrimiento histórico.

Él tiene su trono sobre el arco de la tierra, cuyos habitantes son como langostas; él extiende los cielos como una cortina, y los despliega como una tienda de campaña..

Isaías 40:22

Para las aguas ha establecido un límite, lo mismo que para la luz y las tinieblas

Job 26:10 AMP

Curiosamente, muchos de los libros de astronomía acreditaban a Pitágoras (c. 570-500 A.C.) como la primera persona que afirmo que la tierra era redonda. Sin embargo, los pasajes bíblicos indicados anteriormente son más antiguos que este. El libro de Isaías en general, se reconoce que se ha escrito alrededor del año 700 A.C. y el libro de Job se cree que se ha escrito alrededor del año 2000 A.C. Los astrónomos, antes del tiempo de Pitágoras, deben de haber pensado que la Biblia estaba equivocada en su enseñanza de que la tierra era redonda. Sin embargo, la Biblia era correcta. Era la ciencia secular del momento la que necesitaba estar correcta. *(Taking Back Astronomy por el Dr. Jason Lisle)*

Las Sendas Antiguas y la Teoría Universal

Exploraremos algunos pasajes de las Escrituras, que se refieren a los temas de astronomía y astrofísica. Es interesante que muchas de las afirmaciones de la Biblia sobre astronomía estaban en contra de las enseñanzas que generalmente eran aceptadas en ese tiempo. Sin duda, muchos de estos versos que parecen tener intuición, y que podrían haber sido difíciles de creer cuando se escribieron por primera vez. Sin embargo, la ciencia moderna ha confirmado lo que la Biblia enseña. Como en todas las cosas, la Biblia es absolutamente correcta cuando enseña sobre el universo. La Biblia indica que la tierra es redonda. Considere Isaías 40:22, en el que se menciona el "círculo de la tierra." Esta descripción es certera sin duda alguna.

Cuando la tierra es vista desde el espacio, siempre se asemeja a un círculo, ya que es redonda. Otro versículo que indica la índole esférica de nuestro planeta es.

Job 26:10.

Este versículo nos enseña que Dios ha inscrito un círculo sobre la superficie de las aguas en la frontera de la luz y la oscuridad. Esta frontera entre la luz y la oscuridad (día y noche) se llama la "terminación" ya que la luz se detiene o "termina" ahí. Alguien que está parado en el borde de la terminación no experimentaría ni un amanecer o una puesta de sol. En otras palabras, irían del día a la noche o de la noche al día inmediatamente. La terminación es siempre un círculo, porque la tierra es redonda. *(Taking Back Astronomy por el Dr. Jason Lisle)*

Lo que es rotundamente claro en la mayoría de descubrimientos geológicos, biológicos y científicos registrados es la completa y sorprendente coherencia de Las sendas antiguas de las escrituras hebreas. Ellos nos dan un diagnóstico exacto y el pronóstico de la fe, la ciencia y la vida. En la mayoría de los casos, lo que estamos celebrando como lo más increíble los avances científicos de nuestro tiempo, es simplemente el redescubrimiento de lo que Dios ya había incorporado en el tapiz de la creación eterna muchos milenios atrás. Hace poco tuve una conversación muy refrescante con un muy brillante físico cuántico y bioquímico que también es un hombre de fe. Me dijo que el campo de la física cuántica está provocando a muchos científicos desde hace tiempo a reevaluar sus creencias contra los asuntos de la fe. Físicos cuánticos están redescubriendo la firma inconfundible de un súper diseñador inteligente en el tapiz de la creación. Como los avances de la física cuántica alcanzan su cenit pronto se convertirá en un tabú para físicos cuánticos no creer en la existencia de Dios.

Dios prende el norte de la nada; la tierra pende en medio del vacío.

Job 26:7

En el pasaje anterior, Job, el exitoso y santo empresario del primer siglo que era un verdadero amigo de Dios, también había descubierto (vía revelación divina), que la tierra orbita en el espacio colgando de la nada. Un versículo muy interesante a tener en cuenta es el verso de 26:7, afirma que Dios *"la tierra pende en medio del vacío."* Esto puede evocar una imagen de Dios colgando la tierra como si se tratara de un adorno en un árbol de Navidad. Pero, El colgó la tierra sobre el espacio vacío. Este versículo expresa en una forma poética el hecho de que la tierra no es sostenida por cualquier otro objeto, algo muy antinatural de imaginar por los antiguos escritores. De hecho, la tierra flota en el espacio. Ahora tenemos imágenes de la tierra, tomadas desde el espacio, que muestran que esta flotando en el vacío cósmico. La tierra literalmente pende en medio del vacío, como la Biblia enseña. (Taking Back Astronomy por el Dr. Jason Lisle)

Predestinación Divina

Porque somos hechura suya, creados en Cristo Jesús, para buenas obras, las cuales Dios preparo de antemano para que anduviésemos en ellas.

Efesios 2:10

Un tema que causa un gran debate entre los teólogos es el tema de la Divina predestinación. Sin embargo, el tema de la Divina Predestinación nunca debe ser un tema que suscite a debates contenciosos. La predestinación divina en su esencia es bastante simple. Como una cuestión de definición, la palabra predestinación está compuesta de dos palabras en inglés: "Pre" que significa "antes" y "Destino", La Divina Predestinación por lo tanto, simplemente significa, "Establecer el destino con anterioridad." El apóstol Pablo en Efesios 2:10 nos dice que somos hechura de Dios, creados en Cristo Jesús, para buenas obras, que Dios había predestinado para que anduviésemos en ellas. Ya que Dios nunca inicia nada hasta que lo haya terminado, tenemos que hacernos una pregunta muy importante:

¿Cómo Dios nos programó para caminar por las sendas antiguas que el preparo desde antes de la fundación del mundo?

Los profundos avances científicos y tecnológicos de mayor alcance en el campo de la bioquímica han develado cómo Dios, en su eterno genio, programó la humanidad para cumplir sus propósitos predeterminados. Dios depositó sus instrucciones en el cumplimiento de su eterno propósito en nuestro ADN, antes de que Adán y Eva cometieron alta traición contra Dios en el jardín, tenían el mejor ADN de cualquier ser humano que haya vivido en la tierra, aparte de Cristo. El ADN original de Adán y Eva, antes de que el pecado se introdujera en su naturaleza humana, fue un increíble depósito de revelación divina acerca de su futuro destino. Comprender este hecho, por sí solo, nos revelara el misterio en Efesios 2:10.

Las sendas antiguas en el genoma humano

Lo que se hace cada vez más evidente después de examinar Efesios 2:10 (y otros pasajes similares de la Biblia), es que Dios en Su sabiduría planto las sendas antiguas dentro del genoma humano o su ADN. Antes de caer de la gloria, los primeros embajadores del reino no necesitaban los servicios de un profeta que les dijera lo que tenían que hacer para Dios. Esto es debido a que el misterio de la perfecta voluntad de Dios para sus vidas y el destino estaba profundamente arraigado en sus ADNs. Sus ADNs fueron como el microchip de una supercomputadora con instrucciones divinas profundamente arraigadas, y vías espirituales que les habría permitido convertirse en verdaderos manifiestos hijos de Dios aquí en la tierra. La forma en que Dios creó el ADN original de Adán y Eva es verdaderamente genial. Sólo un Dios inteligente es capaz encajar, las instrucciones genéticas profundamente incrustadas en su creación.

En cambio, mi pueblo me ha olvidado y ha ofrecido incienso a dioses falsos; ha tropezado en sus caminos, en las sendas de siempre, y anda por atajos y no por el camino principal;

Jeremías 18:15

Cuando volvemos a examinar el pasaje en Jeremías 18:15 desde una perspectiva genética, esta Escritura cobra un nuevo significado. Comenzamos a ver que Dios está hablando acerca de las sendas antiguas de muchos niveles. Cuando el Apóstol Juan estaba en la Isla de Patmos, tuvo una visión poderosa de Cristo resucitado. Juan nos dice que la voz de Cristo era como el sonido de muchas aguas. Habiendo nacido en un país que es famoso por las Cataratas Victoria, sé cómo es el sonido de muchas aguas. Las ondas de sonido vibran a diferentes frecuencias en cuanto caen al fondo de la catarata. La descripción de Juan de la voz de Cristo implica que Dios habla en muchos niveles. Fortalecido en este conocimiento, ¿cuál es la verdadera esencia de

Jeremías 18:15 ?

Supongamos que Dios habla al pueblo de Israel en primer lugar, a nivel genético. Las sendas antiguas, en este caso, tendrían que ser las vías genéticas originales que Dios había establecido, en el ADN de su pueblo escogido. Los científicos forenses y bioquímicos serán los primeros en decir que el genoma humano está formado por millones de hilos o tejidos conectados, llamado ADN. Cada una de estas hebras de ADN, según los científicos, puede contener grandes cantidades de instrucciones codificadas. Estos perfiles genéticos codificados están diseñados para mitigar el comportamiento de la persona cuyo ADN está bajo investigación. Dado que estas hebras de ADN ya están codificadas con instrucciones genéticas muy arraigadas (que controla cómo se comporta una persona, los deseos y las funciones; que nunca fue puesto en el ADN por los científicos), tendremos que concluir que muchas de estas instrucciones genéticas están divinamente incrustadas. *La restauración sobrenatural y reconfiguración de estas sendas perdidas antiguas de Dios en la constitución genética del hombre, es de lo que se trata este libro.*

Ahora supongamos que Jeremías 18:15, en su segunda parte, trata con la restauración de las sendas antiguas del Espíritu en nuestro caminar espiritual. En esta segunda parte, este pasaje de la Escritura nos concentra en *la restauración de los principios del reino y conceptos* que nos permitan representar plenamente a Dios aquí en la tierra. Además de la trasgresión demoníaca en nuestro genoma humano (que nos obliga a luchar con las tendencias genéticas profundamente arraigadas), también trataremos de discutir en este libro sobre los principios espirituales que nos ayuden a romper el fenómeno conocido como las maldiciones generacionales.

Rompiendo barricadas demoníacas

Cuando llegó a la otra orilla, que era la tierra de los gadarenos, dos endemoniados salieron de entre los sepulcros y se le acercaron. Eran tan feroces que nadie se atrevía a pasar por aquel camino.

Mateo 8:28

Una de las cosas que estoy confiando en Dios hacer mientras usted está leyendo este libro, es la de ayudarles a romper las barreras de ingeniería demoníacas, ya sean espirituales, mentales o genéticas). La imagen profética de lo que veo a través del rompimiento de las barreras demoníacas a un nivel mental y genético se encuentran en Mateo 8:28. Este pasaje de la Escritura siempre me ha fascinado. Jesucristo tomó sus discípulos a través del mar a la tierra de los Gadarenos. Cuando Cristo llegó a la costa, tomó un camino que estaba protegido por dos endemoniados muy violentos. El diablo había invertido dos muy violentos e intimidatorios malos espíritus en estos dos endemoniados. Ningún ser humano se atrevía nunca a tomar este camino. Pero Cristo no fue intimidado por la muestra de violencia demoníaca. Por el contrario, Cristo vino a la región con la intención de cuestionar estos dos poderes demoníacos sobre los derechos para *esta ruta*.

Piense en esto: El diablo, al contrario de Dios, no es omnipresente. Esto quiere decir que el diablo, y la confederación de los espíritus, no pueden estar en todas partes al mismo tiempo. Al igual que cualquier General de Ejército con recursos limitados, el diablo tiene que ser muy estratégico donde él pone sus recursos y donde no. ¿Por qué el diablo invertiría en posicionar a dos espíritus muy violentos para proteger una vía de poco o ningún valor? Realmente creo que esta vía, en la tierra de los Gadarenos, debió de haber sido de gran valor espiritual tanto para el reino de Dios como para el reino de la oscuridad. Cristo Jesús, en su Santa Majestad, nunca se habría molestado en luchar por un camino que no tuviese un significado espiritual.

Por lo tanto, ¿cuál es el significado profético de este pasaje de Mateo 8:28? Creo que el significado profético de este pasaje es que nos muestra que hay vías estratégicas espirituales que el Espíritu de Dios incorporó en nuestro genoma humano. Esas vías nos pueden guiar a grandes avances espirituales y naturales, si recuperamos estas vías genéticas que guarda celosa y violentamente el diablo. Realmente creo que una de esas sendas antiguas que celosamente guarda el diablo es el camino espiritual que contiene nuestro código de destino. Sinceramente, creo que nuestro código de destino esta incrustado en nuestra genética. El diablo no quiere que redescubramos los propósitos proféticos de Dios y los planes para nuestra vida. Dios guardo estos planes proféticos en el ADN original (ADN del hijo), que Dios sembró en Adán, nuestro progenitor. Pero, estoy confiando en que Dios de la revelación profética contenida en este libro va a ayudarle a romper el velo de violencia demoníaca. Usted también puede recuperar el profético y original ADN de Dios para su vida.

La inmutabilidad de las sendas antiguas

He entendido que todo lo que Dios hace es perpetuo; sobre aquello no se añadirá ni de ello se disminuirá; y lo hace Dios, para que delante de Él teman los hombres.

Eclesiastés 3:14

Este versículo es un pasaje muy interesante de la Escritura que quiero que diseccionemos, en el contexto del tema de este libro. Este pasaje de la escritura del rey Salomón, el hombre más rico y más sabio que ha vivido alguna vez, consolida la importancia y la inmutabilidad de las sendas antiguas de Dios. El rey Salomón nos dice que los antiguos caminos de Dios son inmutables y eternos, si existen tanto como leyes inmutables en el tapiz de la creación, o como instrucciones divinas proféticamente entretejidas en el genoma humano.

Enumerados a continuación en viñetas esta la nomenclatura de las sendas antiguas de Dios, basada en Eclesiastés 3:14-15.

- Todos las sendas antiguas de Dios comienzan con Dios y son alimentadas por Dios.

- Todos las sendas antiguas de Dios son eternas e inmutables.

- Todos las sendas antiguas de Dios son los principios fundamentales que rigen y gobiernan intrínsecamente el tapiz de la creación.

- Todos las sendas antiguas de Dios fueron diseñadas para reducir la brecha entre el cielo y la tierra; y para cerrar la brecha entre la eternidad, el tiempo y el espacio.

- La inmutabilidad e inmodificabilidad, de las sendas antiguas de Dios, constituyen la base de cualquier tipo de credibilidad científica.

Sería prácticamente imposible para los científicos conectar cualquier dispositivo científico creíble a las impredecibles leyes de la naturaleza. El pecado y el diablo, que es también un prisionero del pecado, no están a la altura de un hombre o mujer que redescubre las antiguas sendas de Dios, y construye su vida en torno a estos antiguos caminos. Esta es la razón por la cual el descubrimiento de las sendas antiguas de Dios en la naturaleza y en nuestra genética, es la peor pesadilla del diablo!

Las proféticas consecuencias de la Omnisciencia de Dios

La palabra del Señor vino a mí, y me dijo: Antes de que yo te formara en el vientre, te conocí. Antes de que nacieras, te santifiqué y te presenté ante las naciones como mi profeta.
Jeremías 1:5

Antes de concluir este capítulo sobre las antiguas sendas de Dios, quiero que examinemos las proféticas consecuencias de la omnisciencia de Dios, sobre el tema de este libro. En el párrafo anterior, hemos examinado la inmutabilidad de las sendas antiguas de Dios. Lo que no examinamos es el elemento espiritual que causa que las sendas antiguas de Dios sean inmutables.

El elemento espiritual, que está detrás de la inmutabilidad de las sendas antiguas de Dios, es el factor conocido como la omnisciencia de Dios. Este factor es también conocido como el factor Dios ya que sólo se encuentra en Dios.

Sólo yo sé los planes que tengo para ustedes. Son planes para su bien, y no para su mal, para que tengan un futuro lleno de esperanza."
Jeremías 29:11

Jeremías 1:5 y Jeremías 29:11 nos da una sinopsis profética de este elemento sobrenatural llamado la omnisciencia de Dios. Su omnisciencia es su capacidad inherente para saber todas las cosas, en un momento dado. Es Su divina capacidad de conocer el fin desde el principio. Nunca hay experimentos en algo que Dios hace. La omnisciencia de Dios le brinda el lujo eterno del 100% de precisión en todo lo que él hace o crea. Las proféticas consecuencias de la omnisciencia de Dios son tales que *Dios nunca hace nada fuera del designio eterno de Su omnisciencia.*

9

Las implicaciones proféticas o espirituales de las afirmaciones arriba expuestas son realmente profundas y de largo alcance. Ya que Dios nunca hace nada fuera del designio eterno de Su omnisciencia, esto significa que cuando Dios creó por primera vez el genoma humano (ADN), las instrucciones divinas (sobre nuestro perfil de personalidad, potencialidad, las asignaciones y el destino que Dios había insertado dentro de nuestro ADN), se basa en Su omnisciencia.

Fuera de la diseñada demoníaca inferencia externa, nuestra composición genética fue divinamente preparada para hacernos caminar nuestro destino dado por Dios. Esto significa que fueron diseñados para funcionar sin la ayuda de los estímulos externos tales como la profecía o predicación. Pero esta no es la experiencia de la mayoría de los seguidores de Cristo en todo el mundo. Muchos de ellos parecen estar en constante necesidad de estímulos externos (tales como la profecía, la enseñanza o predicación), con el fin de caminar sobre el destino dado por Dios.

Lo cierto es que nada hace el Señor sin antes revelarlo a sus siervos los profetas.

Amos 3:7

Creo en los profetas y la profecía porque el testimonio de Jesucristo es el espíritu de profecía. Pero cuando yo estaba escribiendo este libro el Espíritu Santo me dijo: " Hijo, Amos 3:7 sólo se hizo necesario después de la caída de Adán y Eva. Si Adán y Eva no hubiesen pecado en el jardín, y hubiesen comprometido su ADN profético dado por Dios, no habría habido necesidad de profetas en la tierra!" Me dejo sorprendido y emocionado lo que el Espíritu Santo me acababa de mostrar. El ADN original del hombre (código genético) fue programado como un misil nuclear con protocolos operacionales incorporados y coordenados. Dicho de otro modo, el ADN profético (del hijo) original del hombre contiene cada profecía sobre su persona y su futuro.

Rompiendo Maldiciones Generacionales Bajo el Orden de Melquisedec es un libro profético acerca de la restauración sobrenatural del ADN profético (del hijo) original del hombre a través de la obra terminada de Cristo. Este libro examinará un antiguo y eterno orden espiritual llamado El Orden de Melquisedec, que es encabezada por el Señor Jesucristo. Este antiguo orden tiene las respuestas para los cargados desafíos del día de hoy. Contrariamente a los científicos, que creen que las respuestas a los problemas del mundo se basan en el futuro de los avances científicos, el Reino de Dios funciona en la premisa de que todas las respuestas a los problemas de hoy (y el futuro), se encuentran en el redescubriendo sus sendas antiguas. Dios entretejió los caminos de la creación hace mucho tiempo atrás.

SECCIÓN APLICACIONES PARA LA VIDA

VERSO PARA MEMORIZAR

For we are God's [own] handiwork (His workmanship), recreated in Christ Jesus, [born anew] that we may do those good works which God predestined (planned beforehand) for us [taking paths which He prepared ahead of time], that we should walk in them [living the good life which He prearranged and made ready for us to live].

Ephesians 2:10 AMP

REFLEXIONES

¿Qué es una senda antigua?

_____

_____

_____

_____

_____

¿Qué es la omnisciencia de Dios?

_____

_____

_____

_____

_____

SU DIARIO PERSONAL DE ESTE CAPÍTULO

Dos

RAÍCES Y ORÍGENES

Hace algún tiempo, mi esposa y yo fuimos invitados a la hermosa casa de uno de nuestros queridos amigos que solía pastorear una floreciente iglesia en Tulsa, Oklahoma. Ella es una conocida profeta nacional e internacional. Estábamos sentados en su hermosa cocina bebiendo café y hablando de cosas relacionadas con el Reino de Dios.

De repente, la presencia del Señor vino sobre ella. Ella me dio esa "profética mirada profunda", que parece estar diciendo: "Francis, Dios quiere hablarle, ahora!" Ella comenzó a profetizar en mi vida. Aquí está parte de la profecía del Espíritu de Dios: *"Dios lo ha llamado a enseñar al Cuerpo de Cristo las raíces y los orígenes. A muchas personas en el Cuerpo de Cristo no les gustan las raíces y los orígenes, pero a usted sí, dice el Señor. Dios lo va a usar para mostrarle al Cuerpo de Cristo, que si las raíces y los orígenes de algo que están haciendo es satánico, no pueden hacerlos santos, no importa lo que hagan con ellos!"*

A diferencia de la comunidad científica, que cree que las respuestas a los problemas del mundo se basan en el futuro de los avances tecnológicos y científicos, el Reino de Dios funciona en esta premisa: Todas las respuestas a los problemas de hoy (y el futuro), se encuentran en el redescubrimiento de las sendas antiguas que Dios ha entretejido en la creación hace muchos años atrás. Estas sendas antiguas son los planes generales que gobiernan toda la creación de Dios. Esto nos lleva a uno de mis temas preferidos en las Escrituras: El tema de las raíces y los orígenes. Aquellos que me conocen saben que soy muy apasionado por las raíces y los orígenes, y la manera cn que afectan a nuestro destino dado por Dios, así como la de toda la creación.

Definiendo Las Raíces y Los Orígenes

En primer lugar vamos a comenzar este capítulo por definir las raíces y los orígenes. ¿Cuáles son las raíces y los orígenes? Esta es la pregunta más importante de este capítulo. *Las raíces y los orígenes son los planos de los principios fundamentales que Dios ha incorporado en la estructura de la creación, que es el que rige el estado pasado, presente y futuro de las cosas.* Las raíces y los orígenes tienen el poder sobre el pecado, el diablo, la orden angelical y sobre toda la humanidad. No hay absolutamente nada en la creación que está más allá del alcance de las raíces y los orígenes. UN querido amigo mío, el Profeta Kevin Leal de Pensacola, Florida, una vez hizo una profunda declaración acerca de las raíces y los orígenes que nunca ha salido de mi mente. Él me dijo, "Francis, las cosas no terminan mal, empiezan mal!" he llegado a respetar la sabiduría de esta declaración, en observar cómo el principio de las raíces y los orígenes afecta a las relaciones interpersonales (especialmente en el matrimonio y las relaciones de negocio).

> *En el principio ya existía la Palabra. La Palabra estaba con Dios, y Dios mismo era la Palabra. La Palabra estaba en el principio con Dios. Por ella fueron hechas todas las cosas. Sin ella nada fue hecho de lo que ha sido hecho.*
>
> John 1:1-3

John 1:1 es uno de los pasajes bíblicos más profunda sobre el tema de las raíces y los orígenes. Este pasaje nos dice que en el principio era el Verbo. Sabemos por las Escrituras que Cristo mismo es la Palabra que estaba en el principio con Dios. El apóstol Juan nos dice: *"Mas todas las cosas que hizo por él (Cristo) y sin él (Cristo) no se hizo nada".* Esto significa que cada una de las leyes creíbles del universo, incluyendo el ADN del hombre, y todas las formas de la materia (visible o invisible), fueron creadas por Él y mediante Él. Esto también significa que el mejor físico, científico o bioquímico es la persona que reconoce el impacto de Cristo, sobre el tapiz de la creación. Ignorar a Cristo en la creación, y su impacto sobre toda la creación material, es un error colosal y de cálculo.

DIOS LO HA LLAMADO A ENSEÑAR AL CUERPO DE CRISTO LAS RAÍCES Y LOS ORÍGENES. A MUCHAS PERSONAS EN EL CUERPO DE CRISTO NO LES GUSTAN LAS RAÍCES Y LOS ORÍGENES.

El pasaje anterior, en el libro de Juan, no pretende ser una negación de la ciencia y la tecnología, sino más bien el reconocimiento de que Cristo, la Palabra del Dios viviente, es la materia prima que Dios usó para crear todas las formas de la materia en el universo. Esta es la razón por la que realmente creo que la era del Reino va a traer consigo algunos de los grandes físicos, científicos y bioquímicos que jamás haya conocido el mundo. Estos intelectuales del Reino no tendrán miedo de reconocer la presencia y el impacto de Cristo sobre toda la creación material, espiritual y natural. Esta nueva generación de intelectuales internacionales establecerá a Cristo, como la raíz y el origen de toda la creación. Si reconocemos que Cristo es la materia prima de todas las formas de vida creadas, también tenemos que llegar a la conclusión de que Cristo ha creado todo el ADN. Entonces habría que admitir que Cristo (Palabra del Dios vivo) se encuentra en cada hebra de ADN en el genoma humano.

Su Divinidad En Nuestra Humanidad

siempre llevamos en el cuerpo, y por todas partes, la muerte de Jesús, para que también la vida de Jesús se manifieste en nosotros

2 Corintios 4:10

Desde el momento en que Cristo es la materia prima para crear todas las formas de vida, incluyendo el ADN del hombre, por lo tanto, Cristo (la imagen visible del Dios invisible), es la mejor solución para la curación de cualquier mutación genética médica o diabólica. Cristo puede reconfigurar o reconstruir nuestro ADN y corregir cualquier anomalía en nuestra secuencia genética, por medio de la imposición sobrenatural de su divinidad a nuestra humanidad. Este libro contiene la arquitectura profética de cómo la divinidad de Cristo, sobrepuesta a nuestra humanidad, nos puede ayudar a romper los años de iniquidad generacional, y entrar en nuestra gloriosa herencia espiritual.

Enunciando el Futuro del Pasado

También sé que todo lo que Dios ha hecho permanecerá para siempre, sin que nada se le añada ni nada se le quite, y que esto lo hace Dios para que se le guarde reverencia. 15 ¿Qué hay ahora, que antes no existiera? ¿Y qué habrá de existir, que no exista ya? Dios restaura lo que paso.

Eclesiastés 3:14-15

Eclesiastés 3:14-15 es uno de mis pasajes favoritos de las Escrituras en la dinámica de las raíces y los orígenes. El escritor de este pasaje de la Escritura hace algunas consideraciones muy importantes que contribuyen a consolidar nuestra comprensión de las raíces y los orígenes y la manera en que afectan el destino en el futuro. A continuación se muestra un breve resumen de estas poderosas afirmaciones proféticas hace que el rey Salomón en el pasaje anterior.

El rey Salomón nos dice que todo lo que Dios hace es para siempre. Esta declaración, por sí misma, nos dice que si queremos que algo sea duradero y exitoso en nuestra vida, tenemos que construirlo en torno a lo que Dios está haciendo. Esto significa que cada acción, que no tiene la huella de Dios en sus raíces y orígenes, en última instancia termina en el fracaso (o nos lleva a una gran frustración).

La expresión *"y nada puede ser añadido a ella..."* en el pasaje anterior, nos conduce al segundo elemento espiritual importante que gobierna las raíces y orígenes: desde que las raíces y orígenes se basan en la omnisciencia de Dios, ellos están más allá de la manipulación demoniaca y humana. No hay absolutamente nada que podamos hacer para mejorar la calidad de lo que Dios ya ha establecido en el tapiz de la creación. Es por eso que la mejor ingeniería genética en el mundo nunca puede mejorar lo que Dios ha establecido y entretejido en el genoma humano. La expresión *"y nada puede ser añadido a..."* también explica por qué la obediencia es mejor que el sacrificio a Dios.

La expresión *"¿Qué hay ahora, que antes no existiera? ¿Y qué habrá de existir, que no exista ya?;"* en el pasaje anterior, nos lleva al tercer importante elemento espiritual que gobierna las raíces y los orígenes. *"No hay absolutamente nada nuevo bajo el sol que Dios no lo haya hecho ya en su Hijo."* Esta *declaración* significa también que el diablo no tiene nuevas ideas para llevar a cabo sus diabólicas asignaciones en la tierra que no haya intentado ya en el pasado. Esto también significa que hay un poderoso antídoto divino para contrarrestar toda forma demoniaca de mutación genética.

La expresión *"Dios restaura lo que pasó..."* es probablemente una de las declaraciones más importantes jamás hecha por el rey Salomón sobre el tema de las raíces y los orígenes, y su inherente poder sobre el presente y el futuro de las cosas. A los seres humanos normalmente les gusta huir de su pasado, y siempre asumen que la mejor versión de sí mismos se encuentra en algún punto en el futuro. Pero este no es el caso de Dios.

SI ENTONCES RECONOCEMOS QUE CRISTO ES LA MATERIA PRIMA DETRÁS

DE TODAS LAS FORMAS DE VIDA CREADAS, TAMBIÉN TENEMOS QUE
CONCLUIR QUE CRISTO HA CREADO TODO EL ADN.

La pregunta que rápidamente nos viene a la mente es esta: *"¿Por qué un Dios que sabe el fin desde el principio se ha arraigado en el pasado de la generación actual?"* La razón por la cual a la mayoría de los seres humanos no les gusta reflexionar demasiado sobre el pasado es porque a menudo nos avergonzados de lo que hemos hecho, pero no es así con Dios. No hay nada que Dios haya hecho jamás en la eternidad pasada de lo que El se avergüence ahora. Como un asunto de estudio bíblico, la mejor obra de Dios no va a llegar en un tiempo futuro. La mejor parte de la obra de Dios ya está hecha. Incluso Jesucristo fue en realidad el Cordero que fue inmolado antes de la fundación del mundo, a pesar de que nos llevó más de 4.000 años de historia humana para descubrir esto. En los pasillos de la eternidad, Cristo ya era el *"cordero que fue inmolado"* antes de que Dios nos diera una demostración visible de la realidad eterna en la cruz.

Si Cristo no hubiese sido el Cordero de Dios, ya muerto en los pasillos de la eternidad antes de que Él viniera a la tierra, su sacrificio en la cruz habría sido de poco valor para nosotros. Esto se debe a que cualquier sacrificio que se origina fuera del plano terrenal habría tenido un muy corto poder rescatador. Todo lo que nace dentro del cilindro del tiempo y el espacio está sujeto tanto al poder y a las limitaciones del tiempo y del espacio. Si la sangre de Cristo fuera de origen terrenal, hubiese sido limitada en su capacidad redentora para interceptar tanto el cielo y la tierra con los beneficios de la redención. Desde una perspectiva genética, si la sangre de Cristo fuera de origen terrenal, no se podría usar para curar la quebrantada genética de la raza humana. En el siguiente capítulo, vamos a profundizar en un estudio de la sangre de Cristo y la manera en que proporciona una solución duradera a nuestra comprometida genética.

¿Puede Ismael Vivir Bajo Su Bendición Especial?

Yo la bendeciré, y por medio de ella te daré un hijo. Tanto la bendeciré, que será madre de naciones, y de ella surgirán reyes de pueblos.17 Entonces Abraham inclinó el rostro hasta el suelo y se rió de pensar: «¿Acaso puede un hombre tener un hijo a los cien años, y ser madre Sara a los noventa?» 18 Por eso le dijo a Dios: ¡Concédele a Ismael vivir bajo tu bendición!19 A lo que Dios contestó: ¡Pero es Sara, tu esposa, la que te dará un hijo, al que llamarás Isaac![d] Yo estableceré mi pacto con él y con sus descendientes, como pacto perpetuo

Génesis 17:16-19

Podemos ver el mismo potente principal profético sobre las raíces y los orígenes espirituales conjugado en la manera más reveladora en la vida de Abraham. Dios había hecho una promesa del pacto con Abraham, que le daría un hijo a través de su esposa Sara. Cuando Dios les dio la promesa profética a Abraham y Sara, fue mucho más fácil para ellos creerla. Ambos eran relativamente jóvenes. Entonces, los meses se convirtieron en muchos años de espera. A lo largo del camino, Sara dio por vencida la esperanza de convertirse en una madre en su vejez. Ella ideó un plan que fue en realidad el beso de la muerte. Sara decide ayudarle a Dios a cumplir su promesa del pacto diciéndole a Abraham que durmiera con su sirvienta egipcia Agar. Por lo tanto, el niño que tendría Agar (como su sirvienta) se consideraría como si fuera de Sara.

Me imagino que Sara no tuvo un tiempo difícil para venderle su última idea a su anciano marido. ¿Con qué frecuencia un hombre casado obtiene la bendición de su esposa para dormir con una hermosa joven de 18 años? Abraham estaba probablemente en la tienda de Agar mucho antes de que Sara cambiara de opinión. Desde el exterior, el plan de Sara se veía genial. Pero, ella y Abraham entraron en una diabólica trampa. Habían hecho un error monumental que los perseguiría por el resto de sus vidas.

Y él se allegó a Agar, y ésta concibió; y al darse cuenta de que había concebido, comenzó a mirar con desprecio a su señora. 5 Entonces Saraí le dijo a Abrán: "¡Que mi afrenta recaiga sobre ti! Yo te di por mujer a mi sierva, y al verse encinta me mira con desprecio. ¡Que juzgue el Señor entre tú y yo!"

Génesis 16:4-5

Como una serpiente de cascabel en una esquina, el brillante plan de Sara rápidamente tuvo efectos contraproducentes y golpeó en el fondo de su matrimonio con Abraham. El hijo nacido a través de su sirvienta egipcia, quien había pensado que traería gran alegría, sólo trajo dolor y muerte en su vida. La consiguiente tensión espiritual entre Abraham y Sara causo problemas matrimoniales y luchas internas. Las verdaderas raíces y orígenes de lo que habían creado, pavimentaron un camino a los demonios para atacar el frente del hogar.

Sara se preguntaba por qué su sincero y "bien pensado plan" para ayudar a Dios, se torno tan terriblemente mal. La respuesta se encuentra en la comprensión espiritual de las raíces y los orígenes. Si algo tiene sus raíces y orígenes en un juego satánico de poder, es poco lo que podemos hacer para cambiar la verdadera naturaleza de lo que la cosa es en verdad. El hijo de Agar, Ismael, nació de un espíritu de autoayuda, y de la rebelión a la autoridad de Dios. No había ninguna manera de que este niño pudiese traer la plenitud de la alegría y la risa que Dios había prometido vendría con el nacimiento de Isaac. Las raíces espirituales de Abraham y los orígenes de Ismael fue todo el camino de regreso a los diez dioses de Egipto, por no mencionar el mismo diablo, que era el principal espíritu detrás de la idolatría egipcia.

Cuando llegó el tiempo designado para el Isaac de Dios nacer, Abraham tuvo un momento difícil liberar su fe en la promesa porque él estaba tan enamorado con el niño que había producido por su propio poder. Abraham intercedió por Ismael. Pidió a Dios que Ismael sustituyera a Isaac. Dios no quería oír hablar de eso. Dios se negó a oír al respecto porque Abraham no sabía las ramificaciones espirituales de lo que estaba pidiendo. Él no sabía que cuando algo está construido sobre tecnología demoníaca, su raíz está establecida en operaciones infernales. No importa lo que Dios le hizo a Ismael, el se hubiera quedado, en el mejor de los casos, mitad divino y mitad diabólico. Ismael fue una bendición mixta en el mejor de los casos.

El Nacimiento de Ismael

Saraí, la esposa de Abrán, no le daba hijos, pero tenía una sierva egipcia que se llamaba Agar. Entonces Saraí le dijo a Abrán: "Ya ves que el Señor me ha hecho estéril, así que te ruego que te allegues a mi sierva; tal vez tendré hijos de ella." Y Abrán atendió al ruego de Saraí.

Génesis 16:1-2

Es fácil ver por qué Ismael creció y se convirtió en una bendición mixta. Al examinar las raíces y los orígenes de su nacimiento, se descubre la razón de la ruptura de su nacimiento. Era un niño que estaba delimitado por los motores de desobediencia e incredulidad. Sara estaba tan desesperada por un niño, y decidió ayudar a Dios a cumplir su promesa. Por lo tanto, Ismael era un niño que había nacido con ADN híbrido. Fue un intento por poderes demoníacos, de usurpar el nacimiento del Isaac de Dios. Desde la profecía de la semilla mesiánica en Génesis capítulo 3, el diablo ha estado aterrorizado del nacimiento de cada niño de hombre que estaba atado a una promesa de Dios.

COMO UNA SERPIENTE DE CASCABEL EN UNA ESQUINA, EL BRILLANTE PLAN DE SARA RÁPIDAMENTE TUVO EFECTOS CONTRAPRODUCENTES Y GOLPEÓ EN EL FONDO DE SU MATRIMONIO CON ABRAHAM.

En la profecía de Génesis 3, Dios le dijo al diablo que iba a poner enemistad entre la semilla de Dios en el vientre de la mujer y la semilla del diablo. En esta antigua profecía, Dios profetizó que su semilla iba a aplastar a la cabeza de la serpiente. Desde que Dios ha revelado su divino programa de restauración, a través de la semilla de la mujer, el diablo ha tomado especial interés en el nacimiento de cada hijo. Desde la antigüedad, intentó desesperadamente de interceptar la entrada de la semilla mesiánica que Dios prometió. La mejor forma de defensa que el diablo encontró en contra de la entrada de la semilla mesiánica fue de corromper e infiltrarse en la genética de cada niño nacido de una mujer (con la esperanza de aplacar la fuerza de la semilla Mesiánica de Dios). Esta es la razón por las que las maldiciones generacionales son tan profundamente insidiosas: representan una pasión diabólica contra el destino de Dios inminente, dentro de cada niño nacido de una mujer.

Desde que Ismael fue nacido por medio del desánimo y la incredulidad de Sara, la inherente genética de Ismael ya estaba comprometida por la tecnología espiritual que rodeo su nacimiento. Esto podría explicar por qué Dios se negó a establecer un pacto perpetuo con Ismael, o lo incluyera en la genealogía terrenal de Jesucristo. El nombre mismo Ismael significa: " ¡El salvaje." Muchos de nosotros están luchando en nuestro camino espiritual porque aún estamos llevando una "genética" que lleva el sello de' "El salvaje", lo cual podría explicar por qué el apóstol Juan, en su epístola, llama a "Caín" "el malo", aunque por genealogía natural Caín fue el hijo primogénito de Adán y Eva. Genéticamente, "Caín" era el hijo de la "perversa o salvaje." Las técnicas espirituales contenidas en este libro están diseñadas para ayudar a los hijos temerosos de Dios a aniquilar la genética de "El salvaje" dentro de su secuencia genética.

El Nacimiento de Isaac

El Señor visitó a Sara y actuó en ella tal y como se lo había prometido. Y Sara concibió y le dio un hijo a Abrahán en su vejez, en el tiempo preciso que Dios le había anunciado. Al hijo que le nació a Abrahán, y que dio a luz Sara, Abrahán le puso por nombre Isaac. Abrahán circuncidó a su hijo Isaac a los ocho días de nacido, tal y como Dios se lo había ordenado. Cuando nació su hijo Isaac, Abrahán tenía cien años. Sara dijo entonces: "Dios me ha hecho reír, y todo el que lo sepa se reirá conmigo."

Génesis 21:1-6

Por otro lado, el nacimiento de Isaac se basa en una tecnología espiritual más excelente. El nacimiento de Isaac estaba en absoluta conformidad con propósitos predeterminados de Dios por su creación. Isaac nació como resultado de la omnisciencia de Dios. Básicamente, esto significa que, en su mayor parte su impronta genética tenía una huella divina más profunda que la de Ismael. No se trata de sugerir que el Isaac de Abraham nació con el mismo ADN perfecto e impecable con que Yeshua nació. Pero, él era un millón veces genéticamente superior a Ismael. La composición genética de Isaac está profundamente arraigada con una fuerte inclinación genética hacia el cumplimiento predeterminado de Dios de un abogado para la raza humana. Es por ello que su nacimiento desato el espíritu de alegría en la vida de Abraham y Sara. El nombre de "Isaac" significa literalmente *"La risa"* o *"El Dios que me hace reír."* Es mi oración que la técnica espiritual contenida en este libro le cause decir, *"Dios me ha hecho reírme de las maldiciones generacionales que solían obstaculizar mi avance hacia el destino que me dio Dios."*

La Guerra Entre Ismael e Isaac

El niño creció, y fue destetado. El día que Isaac fue destetado, Abrahán ofreció un gran banquete. Pero Sara vio que el hijo que Agar, la egipcia, le había dado a luz a Abrahán se burlaba de su hijo, así que le dijo a Abrahán: "Despide a esta sierva y a su hijo, porque el hijo de una sierva no va a compartir la herencia con mi hijo Isaac." Estas palabras le parecieron muy preocupantes a Abrahán, por causa de su hijo.

Génesis 21:8-11

El mal intento de Sara por ayudar a Dios a cumplir su promesa profética a través de Agar fracaso rápidamente como una serpiente cascabel acorralada. Tan pronto como Agar era consciente de que ella estaba embarazada del bebé de Abraham, su corazón hacia Sara pasó a través de una rápida mutación. Ella empezó a mirar a Sara con gran desprecio y comenzó a luchar por un papel más importante en la historia de Abraham. La tensión y los conflictos entre

Sara y Agar rápidamente se hicieron palpables. Era un presagio profético de la guerra que, a la postre, se derivaría entre sus líneas de semillas. La guerra entre estas dos mujeres en el hogar de Abraham también fue un presagio de la guerra en curso entre la carne y el espíritu.

Inmediatamente después del nacimiento de Isaac, la guerra entre las semillas, alcanzo un peligroso pico que se intensificaron a partir de las "madres" a sus "hijos." La Biblia dice que cuando Abraham y Sara dieron una gran fiesta para celebrar el destete de Isaac, el hijo de la promesa, Sara observó a Ismael, "el hijo de la sierva", haciendo burla de Isaac. Cuando Sara vio esto, se puso muy enojada y dijo a Abraham que echara a Agar e Ismael de su casa. Sara dejó en claro que no habría reparto de la "herencia" entre el Ismael de Abraham y el Isaac de Abraham. El corazón de Abraham fue destrozado por la solicitud de Sara porque él amaba a su hijo, Ismael. Pero Dios intervino en el medio de " la guerra entre las semillas " y tomó el lado de Sara. Abraham sabía que estaba acorralado cuando Dios tomo el lado de Sara en una cuestión tan fundamental. Pero Dios no estaba realmente tomando lados. Él simplemente estaba protegiendo las fronteras antiguas de sus propósitos predeterminados para la raza humana. Dios sabía que el árbol genealógico de Ismael contenía una mezcla de herencia divina de Abraham y la herencia de ingeniería demoníaca de Agar la egipcia. Ismael era realmente una "bendición mixta".

La Guerra De Las Semillas Entre El ADN del Hijo y El ADN del Híbrido Demoníaco

Dios el Señor dijo entonces a la serpiente: "Por esto que has hecho, ¡maldita seas entre todas las bestias y entre todos los animales del campo! ¡Te arrastrarás sobre tu vientre, y polvo comerás todos los días de tu vida! Yo pondré enemistad entre la mujer y tú, y entre su descendencia y tu descendencia; ella te herirá en la cabeza, y tú le herirás en el talón."

Génesis 3:14-15

Desde el cierre de las puertas del jardín del Edén, para la apertura de las puertas (de la Nueva Jerusalén), la historia de lo que llamamos "guerra espiritual" es la historia de "guerras" entre las semillas de Dios y las semillas del diablo. En la consumación de los siglos en Cristo Jesús, Dios de la divina providencia, concluirá estas "guerras de Semillas" por la aniquilación total del diablo y de sus descendientes en el lago de fuego que arde con fuego y azufre.

El diablo, que los había engañado, fue lanzado al lago de fuego y azufre, donde estaban la bestia y el falso profeta. Y allí serán atormentados día y noche por los siglos de los siglos.

Apocalipsis 20:10.

Hasta entonces, estas "guerras de las semillas" entre el ADN del hijo de la promesa, y el ADN del hibrido demoníaco (genes corruptos del hombre) continuará. Pero Dios tiene un remedio eterno y para hoy en día para los ciudadanos del Reino de Dios (seguidores de Cristo), que desean vivir por encima de los dictados de su propia demoníaca técnica genética. Este libro contiene la solución a esta antigua batalla entre el bien y el mal en nuestra persona y el ADN.

DIOS INTERVINO EN EL MEDIO DE " LA GUERRA ENTRE LAS SEMILLAS " Y TOMÓ EL LADO DE SARA. ABRAHAM SABÍA QUE ESTABA ACORRALADO CUANDO DIOS TOMO EL LADO DE SARA EN UNA CUESTIÓN TAN FUNDAMENTAL.

Por lo tanto, también nosotros, que tenemos tan grande nube de testigos a nuestro alrededor, liberémonos de todo peso y del pecado que nos asedia, y corramos con paciencia la carrera que tenemos por delante. Fijemos la mirada en Jesús, el autor y consumador de la fe, quien por el gozo que le esperaba sufrió la cruz y menospreció el oprobio, y se sentó a la derecha del trono de Dios. Por lo tanto, consideren a aquel que sufrió tanta contradicción de parte de los pecadores, para que no se cansen ni se desanimen. En la lucha que ustedes libran contra el pecado, todavía no han tenido que resistir hasta derramar su sangre;

Hebreos 12:1-4

El pasaje de la Sagrada Escritura contiene una historia apasionante del triunfo final de Cristo sobre la "guerra entre las semillas" ", pero también contiene la mejor descripción de las maldiciones generacionales. En la epístola a los Hebreos 12:1 el apóstol Pablo amonesta a los creyentes que se "despojen" a sí mismos de los "pesos que los detienen, y de los pecados habituales que tan fácilmente nos hacen tropezar." En base a esta premisa, *"Maldiciones generacionales" son simplemente " diseños demoníacos de pesos o equipajes. Estas están genéticamente incorporadas a las respuestas pecaminosas que constantemente toman lo mejor de nosotros, incluso cuando deseamos hacer lo correcto."* Pero, se nos ha ordenado ejecutar con paciencia la carrera que Dios ha puesto ante nosotros.

El apóstol Pablo nos dice en la epístola a los Hebreos 12:4 que Cristo mismo no estuvo exento de los efectos de estas "semillas" de las guerras entre el bien y el mal. El escritor de Hebreos nos muestra que "Cristo" (que representa la verdadera esencia del "ADN del hijo") sufrió grandes contradicciones contra su persona de fanáticos religiosos. Ellos pretendían ser los hijos de Abraham y pero manifestaban el comportamiento genético de la línea genealógica "del salvaje." Esta histórica lucha entre Jesucristo y los fanáticos religiosos de su día presagia la constante lucha interna entre el bien y el mal dentro de nuestro mapa genético. Esta alteración genética puede explicar por qué muchos creyentes nacidos de nuevo desean hacer lo que es correcto y, terminan haciendo exactamente lo contrario. Estas "Guerras de Semillas" pueden explicar por qué muchos hijos de Dios contradicen sus propias convicciones y violan la guía del Espíritu Santo (luego se odian asimismo por hacerlo). Pero, no te desesperes; este libro contiene el antídoto divino para que experimentes " Salvación Genética."

SECCIÓN DE APLICACIONES PARA LA VIDA

VERSO PARA MEMORIZAR

Por lo tanto, también nosotros, que tenemos tan grande nube de testigos a nuestro alrededor, liberémonos de todo peso y del pecado que nos asedia, y corramos con paciencia la carrera que tenemos por delante. Fijemos la mirada en Jesús, el autor y consumador de la fe, quien por el gozo que le esperaba sufrió la cruz y menospreció el oprobio, y se sentó a la derecha del trono de Dios. Por lo tanto, consideren a aquel que sufrió tanta contradicción de parte de los pecadores, para que no se cansen ni se desanimen. En la lucha que ustedes libran contra el pecado, todavía no han tenido que resistir hasta derramar su sangre;

Hebreos 12:1-4

REFLEXIONES

¿Cuáles son las raíces y los orígenes?

_____

_____

_____

_____

_____

¿Que son las guerras de las semillas?

_____

_____

_____

_____

_____

SU DIARIO PERSONAL
DE ESTE CAPÍTULO

EL ADN PROFÉTICO ORIGINAL DEL HOMBRE

C uando estaba trabajando en este libro, el Espíritu Santo me dio una revelación sorprendente. El Señor sabe que Amós 3:7 es una de mis Escrituras favoritas en la Biblia. Este pasaje de la Escritura dice: "Lo cierto es que nada hace el Señor sin antes revelarlo a sus siervos los profetas"." El Espíritu Santo me dijo que Amós 3:7 no se habría aplicado a Adán y Eva antes de que cayeran de la gracia. El Espíritu Santo me dijo también que Adán y Eva no necesitaban estímulos externos tales como la profecía o predicación para ayudarles a seguir el plan de Dios para sus vidas.

> *Entonces dijo Dios: "¡Hagamos al hombre a nuestra imagen y semejanza! ¡Que domine en toda la tierra sobre los peces del mar, sobre las aves de los cielos y las bestias, y sobre todo animal que repta sobre la tierra!" Y Dios creó al hombre a su imagen. Lo creó a imagen de Dios. Hombre y mujer los creó. Y los bendijo Dios con estas palabras: "¡Reprodúzcanse, multiplíquense, y llenen la tierra! ¡Domínenla! ¡Sean los señores de los peces del mar, de las aves de los cielos, y de todos los seres que reptan sobre la tierra!"*
>
> Génesis 1:26-28

El Espíritu Santo me ha desafiado a echar otro vistazo a este pasaje del libro del Génesis y examinarlo desde una perspectiva genética. Cuando Dios dijo: *"Hagamos al hombre a nuestra imagen y semejanza;"* la imagen y semejanza de Dios también estaban profundamente arraigadas, o impresas, en la estructura genética. No sólo se trataba del espíritu y alma de Adán que fue creado a imagen y semejanza de Dios. Considere por ejemplo cuando Dios bendijo al hombre y pronunció la siguiente bendición: " Reprodúzcanse, multiplíquense, y llenen la tierra! ¡Domínenla! ¡Sean los señores de los peces del mar, de las aves de los cielos, y de todos los seres que reptan sobre la tierra!" "... *Dios fue* en realidad entretejiendo e imprimiendo la capacidad a ser fecundo y a multiplicarse, así como la capacidad para gobernar la tierra, y someterla en el ADN del hombre.

ADÁN Y EVA TUVIERON EL MISMO TIPO DE ADN PROFÉTICO DEL HIJO QUE EL SEÑOR JESUCRISTO CUANDO ESTUVIERON EN LA TIERRA.

Esto significa que el mandato del dominio de Dios fue sobreimpuesto por Su poder creativo tanto en el espíritu de Adán como en su genética. Imagine esto: Cada hebra del ADN en Adán y Eva llevaban la huella de Génesis 1:28 (La asignación como embajadores de avanzar el reino de Dios haciendo a la tierra una colonia del Reino de los cielos estaba profundamente arraigada en su genética). Desde que tenían ADN perfecto, sabían instintivamente que hacer desde que nacieron. Este conocimiento genético inherente de su llamado profético de reinar la creación de Dios aquí en la tierra no violaba su capacidad de ejercer su libre albedrio.

El Árbol Del Conocimiento Del Bien y Del Mal

Dios el Señor tomó al hombre y lo puso en el huerto de Edén, para que lo cultivara y lo cuidara. Y Dios el Señor dio al hombre la siguiente orden: "Puedes comer de todo árbol del huerto, pero no debes comer del árbol del conocimiento del bien y del mal, porque el día que comas de él ciertamente morirás."

Génesis 2:15-17

Después de que Dios creó a Adán, la Biblia dice que Dios puso el primer Embajador del Reino en el jardín del Edén para cuidarlo y vigilarlo. Desde todo punto de vista, este jardín era un depósito de abundancia divina. No había absolutamente nada perdido o roto en este jardín, era tan perfecto como el Reino que representaba. Dentro del área de este jardín Adán y Eva no carecían de nada. Pero su residencia continua en el jardín de la abundancia se basaba en la obediencia de una simple instrucción de Dios. Había el árbol del conocimiento del bien y del mal del cual Dios les dijo que no debían comer. El les dijo que en el mismo día en que comieran del árbol del conocimiento del bien y del mal, morirían. Lamentablemente, todos sabemos cómo terminó esta historia.

Adán y Eva fueron visitados por el diablo, quien estaba disfrazo como una serpiente habladora. Bajo este pretexto, el enemigo de nuestras almas causo a Adán y Eva poner en duda la integridad de la palabra de Dios. El causo que los primeros embajadores del Reino cometieran alta traición. Después de que comieron del fruto prohibido, ellos fueron dominados por una entidad llamada "pecado" (y sus insidiosos poderes). Esta entidad, denominada "pecado" introdujo elementos de muerte en la línea genealógica y composición genética del hombre. El puro ADN profético que Dios les había dado a Adán y Eva fue infringido por la entrada del pecado y de la muerte. La entrada de estos elementos de muerte, en árbol genealógico de Adán, llevó a la más catastrófica mutación demoníaca genética conocida por la humanidad. Los efectos devastadores de esta diseñada mutación demoníaca genética del ADN de Adán afectarían a miles de generaciones.

Luchando Con La Esclavitud Genética

Porque no hago el bien que quiero, sino el mal que no quiero. Y si hago lo que no quiero, ya no soy yo quien lo hace, sino el pecado que habita en mí. Entonces, aunque quiero hacer el bien, descubro esta ley: que el mal está en mí. Porque, según el hombre interior, me deleito en la ley de Dios; pero encuentro que hay otra ley en mis miembros, la cual se rebela contra la ley de mi mente y me tiene cautivo a la ley del pecado que está en mis miembros.

Romanos 7:19-23

Sin duda, uno de los más grandes apóstoles que ha vivido es el apóstol Pablo. Pero el apóstol Pablo no fue ajeno al poder inherente genético de servidumbre. Pablo nos dice que él quiso hacer lo que es bueno, pero acabó haciendo las mismas cosas que él odiaba. Este pasaje indica que la lucha que el apóstol Pablo está aludiendo en este pasaje de la Escritura no es la lucha mental contra el pecado. Es algo mucho más siniestro y poderoso. Lo que el apóstol Pablo describe, en el pasaje anterior de la Escritura, es una guerra entre el bien y el mal, que se desarrolla en cada ser humano a un nivel genético. Mi querido amigo, no hay esclavitud espiritual más siniestra y más controladora que la esclavitud que se manifiesta a un nivel genético. Esto es así porque la servidumbre genética tiene el poder de tejer su naturaleza insidiosa en nuestro perfil de personalidad de tal manera que nos encontraremos defendiendo el comportamiento inicuo diciendo que es así como somos.

En su lucha por hacer lo que es correcto y justo, el apóstol Pablo descubrió a su total consternación que había un principio de pecado que estaba operando en la grietas de su ADN. Lo que es más, el apóstol Pablo fue el primero en reconocer que su fortaleza mental y pasión para hacer lo que es correcto no estuvo a la altura de la del mal dentro de su genética. El apóstol San Pablo descubrió que él era más que un esclavo del pecado a nivel genético que a nivel mental. Pero, gracias a Dios que la queja del apóstol Pablo no terminó en total desesperación pero en el descubrimiento del remedio de Dios para sus luchas y anomalías genéticas. La súplica de Pablo por la liberación de la servidumbre genética insidiosa termina con el siguiente anuncio:

> *¡Miserable de mí! ¿Quién me librará de este cuerpo de muerte? Doy gracias a Dios, por medio de nuestro Señor Jesucristo. Así que yo mismo, con la mente, sirvo a la ley de Dios, pero con la naturaleza humana sirvo a la ley del pecado.*
>
> Romanos 7:24-25

El Último Adán

> *Así también está escrito: "El primer hombre, Adán, se convirtió en un ser con vida"; y el postrer Adán, un espíritu que da vida.*
>
> 1 Corintios 15:45

La Biblia nos dice que el Señor Jesucristo vino a nosotros a través del nacimiento virginal con el fin de cancelar, anular y derrocar cada entidad diabólica y espíritu que el primer Adán trajo a nuestro mundo cuando él pecó contra Dios. La Biblia llama a "Cristo" "El Último Adán" que también es un espíritu que da vida. El Señor Jesús es llamado "El Último Adán" porque no hay otro "hombre" que viene a través de los portales del tiempo y el espacio que puedan revocar y anular todo lo que el primer Adán desató en los portales del tiempo y del espacio a través de su acto de rebeldía.

EL PURO ADN PROFÉTICO QUE DIOS LES HABÍA DADO A ADÁN Y EVA FUE INFRINGIDO POR LA ENTRADA DEL PECADO Y DE LA MUERTE.

Desde el momento en que el Señor Jesucristo es el último Adán, Él es el único antídoto divino para la cura de todos los tipos de anomalías genéticas introducidos en nuestra " ración de genes" por el pecado del primer hombre, Adán. Esto podría explicar por qué Dios Todopoderoso hizo grandes esfuerzos para asegurarse de que el nacimiento de Cristo fue no sólo lo sobrenatural sino también genéticamente exacto. Si la genética de Jesús Cristo hubiese sido comprometida durante su nacimiento, no habría respuestas o soluciones para aquellos de nosotros que profundamente luchamos con las arraigadas ataduras genéticas espirituales y emocionales. Ahora examinemos el nacimiento sobrenatural de Yeshua (Jesús), así que podemos ver cómo Dios garantiza pureza genética en el nacimiento de Yeshua (Jesús).

El Nacimiento Virginal

El ángel le dijo: "María, no temas. Dios te ha concedido su gracia. Vas a quedar encinta, y darás a luz un hijo, y le pondrás por nombre JESÚS. Éste será un gran hombre, y lo llamarán Hijo del Altísimo. Dios, el Señor, le dará el trono de David, su padre, y reinará sobre la casa de Jacob para siempre, y su reino no tendrá fin." Pero María le dijo al ángel: "¿Y esto cómo va a suceder? ¡Nunca he estado con un hombre!" El ángel le respondió: "El Espíritu Santo vendrá sobre ti, y el poder del Altísimo te cubrirá con su sombra. Por eso el Santo Ser que nacerá será llamado Hijo de Dios."

Lucas 1:30-35

El profeta Isaías, que vivió alrededor de 700 BC, dio un mensaje profético a la nación de Israel, que creo que a muchos de sus compatriotas encontraron difícil de creer. El profetizó que Dios les daría (a Israel) un muy inusual "signo profético." El signo profético: a una de las vírgenes en Israel, la encontrarían embarazada de un niño implantado en su vientre por el poder de Dios. Científicamente, es imposible que una virgen este embarazada de un niño sin un donante de esperma masculino.

Fiel a su palabra por medio del profeta Isaías, en la plenitud *de los tiempos,* Dios envió a uno de sus más altos los ángeles, en la forma del ángel Gabriel, a entregar la antigua profecía de Isaías. Después de que el ángel terminó su saludo y dijo a María que ella estaba a punto de ser madre de un hijo, la joven perpleja le preguntó lo más importante de todo el encuentro divino. *"¿Cómo puedo quedar embarazada sin dormir con un hombre?"* El ángel Gabriel le dijo que el Poder de lo más Alto, cubriría su vientre y sobrenaturalmente le implantaría a "Cristo" un hijo en su vientre.

La cuestión es ¿por qué querría Dios organizar un embarazo inusual? Los avances en el campo de la biología enfatizan el ingenio de Dios detrás del nacimiento virginal del último Adán. *Según los biólogos, una vez que el feto se implanta en el útero de la madre, la sangre de la madre nunca entra en contacto directo con el bebé en desarrollo.* La sangre de la madre suministra los nutrientes de la placenta, la cual transfiere los nutrientes y el oxígeno a la sangre del bebé. Esto explica por qué Dios usó el vientre de una virgen para dar a nuestro mundo la obra maestra de Dios, el hombre Cristo Jesús." Yeshua era el hombre perfecto de Dios con cero anomalías genéticas o deficiencias. Él representó y fue cumplimiento de la promesa de una perfecta humanidad.

El acto de la relación sexual entre un hombre y una mujer, o la implantación del esperma de un hombre en el óvulo de una mujer, fueron ambos excluidos totalmente durante el sobrenatural nacimiento virginal de Cristo. Desde que el feto de Yeshua no fue un producto de la combinación química del esperma de José y el óvulo de María, Yeshua (Jesús) no adquirió su "ración de genes" de María y José. Desde que la ración de genes de Yeshua, no procede de sus padres aquí en la tierra, ¿de dónde procede? La "ración de Genes" de Yeshua (Jesús) proviene directamente del trono de Dios. Dios creó la "ración de Genes" de Yeshua en los cielos igual como él había creado a Adán. El primer y el último Adán son las únicas dos personas de la historia de la humanidad cuya ración de genes no era terrenal sino celestial. Esta es la razón por la cual la Biblia se refiere al primer Adán como "Adán, el Hijo de Dios."

Yeshua: El Hombre Perfecto

Y les dijo: "Ustedes me han presentado a este hombre como a un perturbador del pueblo, pero lo he interrogado delante de ustedes, y no lo he hallado culpable de ninguno de los delitos de los que ustedes lo acusan".

Lucas 23:14

Después de la caída de Adán, el primer hombre, cada ser humano que ha nacido en el mundo ha nacido espiritual, emocional, genética y físicamente dañado. Esto podría explicar brevemente por qué Dios no podía levantar un "Salvador" de la humanidad dentro de nuestras propias filas. Dios tuvo que subcontratar nuestra salvación y redención a un tipo diferente y especial de hombre, un hombre perfecto sin ninguna mancha en su espíritu o en su cuerpo.

Puesto que un hombre perfecto, sin defectos inherentes en su ser total no se podía encontrar dentro de nuestras filas, Dios se vio obligado a mirar a Sí Mismo para encontrar ese hombre. El hombre fue creado como un ser trino. Eso significa que él es un ser espiritual que posee un alma y que está alojado en un cuerpo físico.

Dios tuvo que encontrar un hombre que podría tener el sello de la perfección en los tres ámbitos. Por lo tanto, Cristo salió de los portales de la eternidad, y entro en un cuerpo incorruptible creado por Su Padre en el cielo.

> *Porque la sangre de los toros y de los machos cabríos no puede quitar los pecados. Por eso, al entrar en el mundo, Cristo dijo: "No quieres sacrificio y ofrenda, pero me has dado un cuerpo.*
>
> Hebreos 10:4-5

Al igual que Dios fue al polvo de la tierra para crear el cuerpo de Adán, Dios *sobrenaturalmente creo el cuerpo de Cristo*. Si este es el caso, entonces el cuerpo de Jesucristo era perfecto en su genética, y en su composición estructural y biológica. Ya hemos puesto de manifiesto el hecho de que la sangre de Yeshua y su "ración de Genes" provenían de la sala del trono de Dios. La combinación de todos estos factores, en un hombre, simplemente certifica el hecho de que Yeshua fue verdaderamente el *"modelo perfecto"* de un hombre, sin ningún tipo de mancha. Este hecho, por sí solo es suficiente para abrir una puerta de esperanza para todos los miembros de la raza humana que está luchando con las maldiciones generacionales y anomalías genéticas

SEGÚN LOS BIÓLOGOS, UNA VEZ QUE EL FETO SE IMPLANTA EN EL ÚTERO DE LA MADRE, LA SANGRE DE LA MADRE NUNCA ENTRA EN CONTACTO DIRECTO CON EL BEBÉ EN DESARROLLO.

La Preciosa Sangre de Cristo

La sangre de Jesucristo es verdaderamente la sangre preciosísima en los canales de la historia humana. En el mundo de minerales preciosos, cualquier mineral que es muy raro encontrar es considerado muy valioso. Entre más raro sea un mineral más valor tiene. Siguiendo este razonamiento, la sangre de Jesucristo es el árbol genealógico más precioso de la creación ya que contiene el ADN de Dios. La sangre de Cristo representa un impecable y perfecto árbol genealógico. Esto significa que la reserva genética de la sangre de Jesucristo, contiene el mejor ejemplar del ADN. Los científicos en el campo de la investigación con células madre se alegrarían muchísimo si alguna vez obtuvieran una muestra del ADN incontaminado de Cristo. Esto es porque saben que podrían curar muchas enfermedades que son genéticamente inducidas, si pudieran medicar a sus pacientes con la alta calidad del ADN tomado de sus impecables genes.

Ya hemos mencionado el hecho de que durante el nacimiento virginal de Jesucristo, Yeshua (Jesús) no comparte del árbol genealógico de su madre. *Si la sangre de Cristo hubiese sido mezclada con la sangre del linaje de María, el pecado del devastado linaje de María habría corrompido los impecables genes que eran inherentes en la sangre de Cristo.* Si esto hubiera pasado, las posibilidades que teníamos para una transfusión de sangre sobrenatural se hubiesen perdido. Los médicos que supervisan cualquier banco de sangre de un hospital saben que cuanto más pura sea la muestra de sangre, es mejor para el paciente que recibe la transfusión de sangre. Si la sangre de un donante está infectada con el virus del VIH, y la muestra de sangre se inyecta a cualquier paciente, este inmediatamente se infectaría con el virus del VIH.

Esta es la razón por la que las enfermeras y los médicos, quienes usan dichas muestras del banco de sangre, pasan las muestras a través de un minucioso análisis de sangre, para asegurarse de que la sangre que se transfunde a cualquier paciente, no complique la condición del mismo. Dios, en su eterno genio sabía cuán valiosa la sangre de Cristo sería para millones de almas perdidas con el pecado en sus devastados linajes. Sólo por darle un cuadro gráfico de cuán valiosa y preciosa es la sangre de Jesucristo, imaginemos por un momento que estamos en un desierto. En este desierto, hay una grave escasez de agua y mil adultos desesperadamente sedientos que están dispuestos a matar por una botella de agua potable. Ahora supongamos que sólo hay cien botellas de agua en toda la isla desierta. ¿Qué tipo de lucha desesperada por la supervivencia crees que se produciría en la población de mil adultos? Si se puede imaginar este escenario, a continuación, están empezando a rayar la punta del tempano de hielo, en cuanto a la preciosidad de la sangre de Cristo a la humanidad caída.

Ahora supongamos que usted es un paciente infectado con el SIDA y los mejores médicos han descrito el caso como terminal. Ahora supongamos que mientras su vida cuelga de un hilo, uno de sus mejores amigos entra en su habitación del hospital y hace un sorprendente anuncio. Su amigo dice, *"los médicos han encontrado un hombre perfecto con ADN. Los médicos están muy entusiasmados con este hombre. Están diciendo que la sangre de este hombre es tan pura y tan potente que creen que una gota de su sangre puede sanar instantáneamente a cualquier persona con SIDA."* ¿Cómo se sentiría con la noticia del descubrimiento de este hombre? Sobre todo, cuando sabe que usted seria el receptor de los increíbles beneficios de su sistema sanguíneo al tomar una gota de su sangre. Creo que usted estaría completamente extasiado. La alegría de la existencia de un hombre como tal no tendría límites.

34

Salvación Genética

Muchas gracias por darme la oportunidad de entusiasmar e inspirar la imaginación que Dios le dio. En realidad, las analogías que he utilizado en el párrafo anterior están basadas en la realidad. Desde la caída de Adán y Eva, toda la humanidad fue forzada a vivir en un desierto espiritual, privada de las aguas vivas del Reino de Dios. En segundo lugar, cada hombre y cada mujer dentro de la creación está bajo la pena del pecado y están infectados con el SIDA espiritual. Desde una perspectiva profética, toda la humanidad fue atrapada en la sala del hospital de nuestra condición de pecado en espera de la sentencia de destrucción eterna. Pero, un día hace más de dos mil años, un rabino judío muy golpeado muere en la cruz. Él derramó Su preciosa sangre en la cruz para saciar nuestra sed espiritual y para curarnos del virus del SIDA espiritual que impera en nuestra naturaleza pecaminosa.

DESDE LA CAÍDA DE ADÁN Y EVA, TODA LA HUMANIDAD FUE FORZADA A VIVIR EN UN DESIERTO ESPIRITUAL, PRIVADA DE LAS AGUAS VIVAS DEL REINO DE DIOS.

El Señor me dio una asombrosa revelación cuando Él me asignó para escribir este libro: "Rompiendo Maldiciones Generacionales bajo el Orden de Melquisedec." Él me dijo: "Hijo, *muchos de mi pueblo son verdaderamente nacidos de nuevo, pero muchos aún no han experimentado salvación genética.*" Yo nunca había oído hablar *de la expresión "salvación genética."* Yo nací de nuevo hace más de dos décadas. El Espíritu Santo me mostró que el Señor Jesucristo redimió al hombre en su totalidad: espíritu, alma y cuerpo. Pero, ¿cuántos de nosotros hemos realmente experimentado la salvación "genética" que Jesucristo compró para nosotros en la cruz? El Señor me dijo que "la salvación genética " se produce cuando se aplica, por la fe, la obra completa de Cristo en nuestra quebrantada genética (para que podamos heredar el ADN de Cristo su hijo). *Este ADN nos ayudará a obedecer el Evangelio del Reino y a caminar en la justicia a un nivel genético.* Lograr la mencionada condición es la esencia de este escrito.

SECCIÓN DE APLICACIONES PARA LA VIDA

VERSO PARA MEMORIZAR

Entonces dijo Dios; "¡Hagamos al hombre a nuestra imagen y semejanza! ¡Que domine en toda la tierra sobre los peces del mar, sobre las aves de los cielos y las bestias, y sobre todo animal que repta sobre la tierra!" Y Dios creó al hombre a su imagen. Lo creó a imagen de Dios. Hombre y mujer los creó. Y los bendijo Dios con estas palabras: "¡Reprodúzcanse, multiplíquense, y llenen la tierra! ¡Domínenla! ¡Sean los señores de los peces del mar, de las aves de los cielos, y de todos los seres que reptan sobre la tierra!"

Génesis 1:26-28

REFLEXIONES

¿Qué es el ADN profético?

_____

_____

_____

_____

_____

¿Qué es la esclavitud genética?

_____

_____

_____

_____

_____

SU DIARIO PERSONAL
DE ESTE CAPÍTULO

DMUTACIÓN DEMONÍACA GENÉTICA

E n este capítulo, vamos a tener una profunda mirada introspectiva a un fenómeno espiritual y científico conocido como "Mutación genética". Definiremos en primer lugar la mutación genética desde el punto de vista científico.

Una Definición Científica

En un nivel básico, la mutación provoca que un gen o secuencia genética cambie de su forma original o de su finalidad. Puede ser causada por una variedad de fuentes internas o externas, y los efectos secundarios pueden ser positivos o negativos para el organismo que sufre la mutación.

> *Éste es el libro de los descendientes de Adán. El día en que Dios creó al hombre, lo hizo a su semejanza. Los creó hombre y mujer, y los bendijo. El día en que fueron creados les puso por nombre Adán. Y Adán vivió ciento treinta años, y engendró un hijo a su imagen y semejanza, y le puso por nombre Set.*
>
> Génesis 5:1-3

Génesis 5:1 contiene el relato de la mutación genética más triste de la historia de la humanidad. Realmente creo que el cielo lloraba por esta lamentable transición en la composición genética del hombre. Este pasaje lleva registro de las peores y más rápidas degeneraciones genéticas de la historia de la humanidad. En Génesis 5:1, la Biblia nos dice que Adán y Eva (macho y hembra) fueron creados a semejanza de Dios. Llevaron la huella de Dios en semejanza de su genética. Ambos tenían el ADN de Dios fluyendo por sus venas. Ellos eran el perfecto espécimen humano. Tenían el ADN profético o

ADN del hijo que gobernaba el perfil de su personalidad, motivaciones y destino personal. Por desgracia, este glorioso estado de cosas no fue duradero, porque después de la nube engañosa demoníaca ya se había empezado a arrojar una sombra negra sobre su herencia espiritual. Dios les había dado una seria advertencia de que en el mismo día en que comieran del árbol del conocimiento del bien y del mal, ellos estarían invitando a las técnicas de la muerte en sus vidas.

La advertencia de Dios demostró ser inmutable, después de que ellos cometieron el delito de la traición siguiendo la voz de un desempleado Querubín enmascarado como una serpiente habladora quien invadió su territorio jurídico. Lamentablemente, ellos atendieron la mentira del diablo y comieron del fruto prohibido. Fiel a la Palabra de Dios *"los elementos que el pecado y la muerte traen consigo se apresuraron en su espíritu, alma y cuerpo."* Cuando estos organismos de muerte entraron en la previa pura sangre del hombre, ellos crearon gran caos en su secuencia genética. Estos Pecados impulsaron movimientos caóticos, en la composición genética del hombre, se rompió la huella de Dios la imagen de la plantilla del genoma humano dejando varias lagunas en la secuencia genética del hombre. Estas brechas crearon en la secuencia genética del hombre una infracción caótica del "pecado" en el ADN del hombre las cuales se llenaron rápidamente con espíritus y tecnologías demoníacas. Los científicos nos dicen que una carta genética o cromosoma fuera de su secuencia genética adecuada puede ser responsable de causar enfermedades que amenazan la vida como las que se enumeran a continuación.

En un nivel básico, la mutación provoca que un gen o secuencia genética cambie de su forma original o de su finalidad.

Fibrosis Quística (también conocido como FQ o moco viscosidad) es una enfermedad común que afecta a todo el cuerpo, causando discapacidad progresiva y a menudo la muerte. El nombre fibrosis quística se refiere a la característica de cicatrización y formación de quistes en el páncreas, reconocido por primera vez en la década de los 1930. La dificultad para respirar es el síntoma más grave y es el resultado de infecciones pulmonares frecuentes que son tratados, aunque no se curan, por antibióticos y otros medicamentos. Una multitud de otros síntomas, incluyendo las infecciones de sinusitis, crecimiento deficiente, la diarrea y la infertilidad como resultado de los efectos de la FQ en otras partes del cuerpo. FQ es causada por una mutación en el gen que regula la conductancia transmembranal para la proteína de la fibrosis quística (CFTR). Este gen es necesario para regular los componentes del sudor, jugos digestivos y el moco.

Síndrome de Down, o trisomía 21 o trisomía G, es un trastorno cromosómico causado por la presencia de todos o parte de un cromosoma 21 extra. Fue nombrado así después de que John Langdon Down, el médico británico describió el síndrome en 1866. La enfermedad fue identificada como un cromosoma 21 trisomía de Jérôme Lejeune en 1959. La condición se caracteriza por una combinación de grandes y pequeñas diferencias en la estructura. El síndrome de Down en el feto puede ser identificado con la amniocentesis durante el embarazo o en el bebé al nacer.

La distrofia muscular de Duchenne (DMD) es una grave recesiva ligada al cromosoma X forma de distrofia muscular caracterizada por una rápida progresión de degeneración muscular, lo que conduce finalmente a la pérdida de locomoción y de la muerte. Esta dolencia afecta a uno en 3500 hombres, lo que lo convierte en el más prevalente de las distrofias musculares. En general, sólo los hombres son afectados, aunque las mujeres pueden ser portadoras. Las mujeres pueden ser afectadas si el padre está afectado y su madre es también una portadora/afectada. El trastorno es causado por una mutación en el gen de la distrofina, que se encuentra en los seres humanos en el cromosoma X (Xp21). Los códigos genéticos de la proteína distrofina son un importante componente estructural dentro del tejido muscular. La distrofina proporciona estabilidad estructural al complejo distroglicano (CDG), que se encuentra en la membrana de la célula. (Los Artículos De Wikipedia, la enciclopedia libre)

Mutación Genética Demoniacamente Diseñada

Cuando los hombres comenzaron a multiplicarse por toda la faz de la tierra, y les nacieron hijas, sucedió que los hijos de Dios vieron que las hijas de los hombres eran hermosas. Entonces tomaron mujeres para sí, las que escogieron de entre ellas. Y el Señor dijo: "No va a estar mi espíritu peleando siempre con el hombre, pues él no es más que carne. Vivirá hasta ciento veinte años." En esos días había gigantes en la tierra, y también después de que los hijos de Dios se unieran a las hijas de los hombres y les engendraran hijos. Éstos fueron los grandes héroes que desde la antigüedad ganaron renombre.

Génesis 6:1-4

Por último tenemos el lugar donde ahora podemos discutir sobre ingeniería demoníaca y mutación genética a un nivel mucho más profundo. *El sexto capítulo del Génesis contiene la nomenclatura de todas las mutaciones demoniacamente diseñadas.*

La Biblia nos dice que cuando los hombres comenzaron a multiplicarse sobre la tierra y les nacieron hijas, ángeles caídos se dieron cuenta de la hermosura de las hijas de los hombres. La apariencia física de las hijas de los hombres agitaron los motores de la lujuria dentro de estos ángeles caídos. Además de la lujuria sexual que estos ángeles caídos tuvieron por las hijas de los hombres, su interés sobre las hijas de los hombres también fue accionado por la diabólica conspiración del diablo para destruir y contaminar la entrada de la semilla mesiánica en la raza humana.

Como un fugitivo de la Ley, el diablo estaba aterrado sobre la entrada de la semilla Mesiánica que estaba destinada a aplastar la cabeza de la serpiente. Dado que Dios les había dejado muy en claro que esta *violenta semilla prometida del reino* vendrá a través del útero de la mujer, el diablo puso a cada mujer sobre la tierra, bajo vigilancia demoníaca. Esta demoníaca vigilancia contra la semilla de la mujer es la razón por la que muchas mujeres son oprimidas y marginadas en la mayoría de las naciones. Satanás ha sido profundamente aterrado desde la antigüedad de lo que salga de la *"matriz de la mujer."* Pero en Génesis capítulo seis el diablo idea un plan diabólico que piensa que garantizaría la corrupción total de todo el linaje humano. El plan del diablo incitaba a su coalición de ángeles caídos a enmascararse como hombres y comenzar a casarse con las hijas de los hombres.

La unión sexual entre estos ángeles caídos y las hijas de los hombres creó un peligroso descendiente híbrido diseñado demoníacamente. La descendencia que se produjo como consecuencia de estas uniones sexuales entre las hijas de los hombres y estos ángeles caídos producen una descendencia de los gigantes en la tierra. Esta raza de gigantes era intrínsecamente perversa y violenta. Estos gigantes conocidos como Nefilims (en idioma hebreo) son tan proclives a la violencia que Dios incluso se arrepintió de haber creado a la humanidad; porque toda la tierra estaba llena con la violencia y una gran inmoralidad sexual.

La mutación demoníaca que había ocurrido cuando las hijas de los hombres eran dadas en matrimonio a los ángeles caídos podía ser claramente evidenciada en la apariencia física de los Nefilims. Los Nefilims eran gigantes en estatura y muchos de ellos tenían seis dedos en los pies y seis dedos en las manos. Desde el principio de la creación, Dios nunca había creado un hombre con seis dedos en las manos y en los pies. Por consiguiente, los Nefilims eran una abominación de la naturaleza. Ellos eran verdaderamente los anormales de la naturaleza. Los Nefilims también crecieron a un ritmo muy rápido. *Su plantilla genética no sólo era mala, sino que también genéticamente superior a la del ser humano promedio. La tasa de duplicación genética dentro de la genética de los Nefilims podría haber desconcertado a los mayores científicos genéticos de nuestro tiempo.* Pero, dado que la mutación genética en el genoma de los Nefilims fue un diseño demoníaco para interceptar la entrada de la semilla sagrada de Dios, ninguno de los Nefilims antes mencionados en las Escrituras tenían una inclinación justa. Eran verdaderos hijos del infierno. Ellos trajeron la atmósfera y el poder del infierno donde quiera que fueran.

EL SEXTO CAPÍTULO DEL GÉNESIS CONTIENE LA NOMENCLATURA DE TODAS LAS MUTACIONES DEMONIACAMENTE DISEÑADAS.

Los Nefilims, aunque grandemente disminuidos en número después del diluvio de Noé, seguían existiendo incluso en los días del Rey David. Cuando Yesé, padre de David le envió a llevar queso y pan a sus hermanos, que estaban en el frente de batalla; David fue saludado por la amenazadora voz de uno de los pocos sobrevivientes Nefilims. Su nombre era Goliat de Gat, una ciudad filistea conocida por su idolatría, el estaba desafiando a los ejércitos de Israel para que enviaran un hombre de guerra que pudiera enfrentarse a él en un combate a muerte. Nadie en todo el ejército israelí se atrevió a desafiar este impresionante y gran hombre a un combate mortal cara a cara. Nadie se atrevía a responder al gigante amenazador hasta que David entró en el campamento. David, por otra parte no tuvo miedo de la estatura física del gigante. David creyó que este gigante no era rival para el poder de Dios. El Poder de Dios ya le había causado a él matar un oso y un león con sus propias manos.

Todos sabemos cómo terminó la historia y la forma en que fue canonizado el nombre y la fama de David en los pasillos de la historia humana. Goliat caminó hacia David con su escudero delante de él, con desprecio burlón hacia este muchacho rubio que se había atrevido a enfrentarse a él. Entonces el filisteo le gritó a David: *"¿Soy acaso un perro, para que vengas a darme de palos?"* *Y maldijo a David en nombre de sus dioses, y lo amenazó: "Ven acá, que contigo voy a alimentar a las aves de rapiña y a los animales salvajes." Pero David le respondió: "Tú vienes contra mí armado de espada, lanza y jabalina; pero yo vengo contra ti en el nombre del Señor de los ejércitos, el Dios de los escuadrones de Israel, a quien tú has provocado. Hoy mismo el Señor te entregará en mis manos. Te voy a vencer, y te voy a cortar la cabeza, y los cadáveres de tus compatriotas se los voy a dar a las aves de rapiña y a los animales salvajes. Así en todos los pueblos se sabrá que hay Dios en Israel. Toda esta gente va a saber que el Señor no necesita de espadas ni de lanzas para salvarlos. La victoria es del Señor, y él va a ponerlos a ustedes en nuestras manos." Y cuando el poderoso filisteo se encaminó para encontrarse con David, éste rápidamente se colocó en línea de combate frente al filisteo, metió su mano en el morral y, sacando una piedra, la colocó en su honda y la arrojó con fuerza al filisteo. La piedra se incrustó en la frente de Goliat, y éste cayó con la cara al suelo. Así fue como David venció al filisteo: con una honda y una piedra. Lo hirió de muerte sin necesidad de usar la espada. Luego corrió y desenvainó la espada del filisteo, y se subió sobre él para rematarlo, y finalmente le cortó la cabeza. Y cuando el ejército de los filisteos vio que su gran guerrero estaba muerto, se dio a la fuga. 1 Samuel 17.* El punto que quería hacer de mi representación de la lucha de David contra Goliat, es para mostrar que donde quiera que se encuentren cualquiera de los miembros de los Nefilims, estaban siempre al lado del mal. No tenían brújula moral o inclinación genética hacia nada justo o piadoso. Ellos eran mensajeros del mal en todo momento y en tono desafiante frente a lo que es santo. Ellos verdaderamente tenían impreso en su genética a su padre el diablo.

El Programa de los Nefilims

El Señor vio que era mucha la maldad de los hombres en la tierra, y que todos los planes y pensamientos de su corazón eran siempre los de hacer sólo el mal. Y le pesó al Señor haber hecho al hombre en la tierra. Le dolió mucho en el corazón. Y dijo el Señor: "Borraré de la faz de la tierra al hombre que he creado, lo mismo que a las bestias, los reptiles y las aves del cielo. ¡Me pesa haberlos hecho!" Pero Noé halló gracia a los ojos del Señor.

Génesis 6:5

El plan del diablo para devastar e infiltrarse en el ADN y el linaje del hombre, para destruir la entrada de la semilla santa de Dios en la tierra, es lo que se conoce como el " programa de los Nefilims." Una amiga muy querida llamada Randy Demain (Kingdom Revelation Ministeries, Austin, TX), ha escrito un libro muy poderoso en este tema, The Nephilim Agenda, publicado por XPMedia. Recomiendo altamente este libro para aquellos de ustedes que están interesados en la comprensión del Programa de los Nefilims en mayor detalle. Pero basta decir que la principal razón por la que Dios mandó el diluvio, en los días de Noé, fue para aniquilar el programa de los Nefilims que se estaba extendiendo por la tierra como la pólvora. Antes de que yo entendiera el programa de los Nefilims, pensaba que Dios era muy duro en exterminar a toda una raza de gente a través de una inundación. Pero ahora ya sé que el diluvio que Dios envió para destruir el mundo que vivió Noé fue nada más ni nada menos por la misericordia de Dios. Satanás había planeado utilizar el programa de los Nefilims para satanizar y pervertir toda la raza humana. Si lo hubiese logrado, el plan de la redención de Dios habría sido estropeado. El diablo quiso borrar la huella de Dios la genética del hombre y sustituirlos con una plantilla genética de demonios.

El fenómeno conocido como *Maldiciones Generacionales* funciona en la misma plantilla demoníaca del programa de los Nefilims; excepto por el hecho de que *las maldiciones generacionales* están mejor disfrazadas. Pero, a través de las tecnologías demoníacas conocidas como *Maldiciones Generacionales,* nos recuerda constantemente que el diablo no ha renunciado al programa de los Nefilims. El todavía desea sembrar su diabólico ADN en el genoma humano. El principal deseo del diablo siempre ha sido el de tomar el lugar de Dios en la creación para controlar al hombre desde el centro de su ser.

LOS NEFILIMS, AUNQUE GRANDEMENTE DISMINUIDOS EN NÚMERO DESPUÉS DEL DILUVIO DE NOÉ, SEGUÍAN EXISTIENDO INCLUSO EN LOS DÍAS DEL REY DAVID.

Atracción al Mismo Sexo

A expensas de ser declarado culpable de no ser políticamente correcto, quiero hablar de otra muy común mutación genética demoníaca. Esta mutación genética demoníaca se ha convertido en un fenómeno cultural y social mundial, en la forma del estilo de vida gay. Los proponentes del estilo de vida gay son "homoscxuales" y "lesbianas". Por definición, "homosexual" es un hombre que se siente atraído sexualmente hacia otros hombres, de la misma manera que un hombre heterosexual se siente atraído sexualmente hacia una mujer. Por otra parte, una "lesbiana" es una mujer que se siente atraída sexualmente hacia otras mujeres, de la misma manera en que una mujer heterosexual se siente atraída sexualmente hacia los hombres.

Yo no soy homofóbico de ninguna forma o manera. A los ojos de Dios, alguien que lucha con el pecado de la mentira no es diferente a un hombre que tiene sexo con otros hombres. Ambos son los prisioneros de la entidad, denominada "pecado." Si bien estoy de acuerdo con las Sagradas Escrituras de todo corazón que dice que practicar la "homosexualidad" es un grave pecado ante Dios (Levítico 18:22, Romanos 1:26) la iglesia mundial comete un error colosal cuando simplemente desestima el fenómeno de la atracción al mismo sexo; sin tratar de comprender el alto grado de esclavitud genética bajo el que están muchos en la comunidad gay. No obstante el impulso genético no es una excusa para vivir un estilo de vida que la escritura claramente condena tanto en el Antiguo como en el Nuevo Pacto, porque "Yeshua" pagó el precio por una "nueva y perfecta genética " que se puede acceder por medio de la fe por los gays y heterosexuales por igual, que estén luchando con anomalías genéticas. Mientras *que la atracción al mismo sexo* es un precursor de lo que puede convertirse en una "verdadera" vida pecaminosa ante Dios; no es un pecado en sí mismo, de la misma manera que una propensión a la mentira no es un pecado por sí misma hasta que se actúe ya sea mental o físicamente. Si usted descubre que piensa o tiene un impulso de atracción hacia el mismo sexo, como diseño genético demoníaco, necesita abrir su corazón a un experimentado ministro Cristiano con experiencia en liberación para que pueda guíale en dicha liberación. Por favor recuerde que Jesús derramó Su sangre para que todos podamos ser liberados del pecado y sus insidiosos efectos sobre la raza humana.

Dios y La Ciencia de la Atracción al Mismo Sexo

Otro error colosal que el Cuerpo de Cristo ha hecho, en el trato a las personas que están atrapadas en el estilo de vida gay es rápidamente rechazar o negar la ciencia genética detrás del fenómeno de la atracción de personas al mismo sexo. Desde la antigüedad hasta el presente, ha habido siempre una difícil tensión entre la fe y la ciencia. Pero, esta lamentable tensión ha existido principalmente debido a que muchos en la comunidad de la Iglesia nunca han experimentado la "Inteligencia de Dios." Dios tiene una gran inteligencia, por lo que no se intimida ante los datos científicos. La Inteligencia de Dios puede enfrentar a la ciencia cara a cara y aun así trascender más allá de las limitaciones de la ciencia.

Creo que algunos científicos que ahora afirman que la atracción al mismo sexo es un comportamiento normal genéticamente inducido (de la misma manera que la atracción heterosexual a los miembros del sexo opuesto es un comportamiento natural genéticamente inducido). La mayoría de los líderes de la iglesia se ponen muy incómodos y a la defensiva ante esas conclusiones científicas. Pero, personalmente, creo que los miembros de la comunidad científica, quienes afirman que la atracción al mismo sexo es un comportamiento natural genéticamente inducido, dicen la verdad en base a sus propias conclusiones (aunque algunos casos de comportamiento homosexual fueron inducidos por un acto de abuso sexual en la infancia, por una persona adulta del mismo sexo o del sexo opuesto). Sin embargo, el colosal error de los miembros de la comunidad científica, quienes apoyan el mismo la atracción al mismo sexo, radica en el hecho de que los datos científicos no tienen en cuenta el hecho de que el Dios que ha creado el ADN, es capaz de sanar cualquier mutación genética que produce comportamientos innaturales en su creación. Especialmente si la conducta en cuestión contradice el designio eterno de la Palabra de Dios. Presentar el remedio de Dios para todas las formas de *"Maldiciones generacionales y anomalías genéticas" es de lo que* este libro se trata.

Refutación Divina Del Pecado de la Atracción al Mismo Sexo

Si el fenómeno mundial de la atracción al mismo sexo fuera un comportamiento normal genéticamente inducido, se podría esperar que este comportamiento tuviera tanta precedencia y aprobación divina a lo largo de la revelación progresiva de las Santas Escrituras. En segundo lugar, también esperaríamos encontrar la práctica de uniones sexuales del mismo sexo en la médula de la naturaleza misma en las formas inferiores de vida. Pero, desgraciadamente, aún en la naturaleza entre formas de vida inferiores la práctica de las relaciones sexuales entre organismos del mismo sexo están ausentes. Cuando se observa la naturaleza, lo que vemos en gran abundancia es el fenómeno de las "uniones heterosexuales." Podemos ver la unión sexual del macho y la hembra de los leones, macho y hembra de los monos; macho y hembra de las aves, macho y hembra de los perros y la lista es interminable. Considere lo que Dios le dijo a Noé acerca de cómo transportar todas las especies animales en el futuro antes de la gran inundación:

De todos los seres vivos meterás en el arca dos de cada especie, un macho y una hembra, para que sobrevivan contigo. De las aves según su especie, de las bestias según su especie, y de todo reptil de la tierra según su especie, entrarán contigo dos de cada especie, para que sobrevivan.

Génesis 6:19-20

Dios le dio instrucciones explícitas a Noé para llevar parejas de machos y hembras de cada especie animal para el futuro. Si se le diera un tour del masivo crucero de Noé, usted hubiese sido confrontado con las órdenes de Dios para la creación. Cada animal macho enjaulado en el arca de Noé fue enjaulado con su contraparte femenina. Este es el orden de las cosas que Dios escogió para el Nuevo Mundo después del diluvio. Este orden no es nuevo. En el principio (después de que Dios creó el mundo), este es el mismo orden que Dios estableció, como las Escrituras declaran que Él creó hombre y mujer.

Echemos un vistazo a algunas Escrituras más de la Biblia que pueden afirmar que Dios no considera la unión del mismo sexo como una expresión normal del ADN que Él nos dio a la humanidad, cuando fuimos creados:

Al caer la tarde llegaron los dos ángeles a Sodoma. Lot estaba sentado a la entrada de Sodoma, así que al verlos se levantó a recibirlos. Se inclinó hasta el suelo, y dijo: "Señores míos, les ruego que vengan a la casa de este siervo suyo y pasen allí la noche. Se lavarán los pies, y por la mañana podrán levantarse y seguir su camino." Pero ellos respondieron: "No, sino que pasaremos la noche en la calle" Como Lot les insistió demasiado, ellos se fueron con él. Al entrar en su casa, les ofreció un banquete de panes sin levadura, y ellos comieron. Pero antes de que se acostaran, los hombres de la ciudad rodearon la casa. Allí estaba todo el pueblo junto, todos los hombres de Sodoma, desde el más joven hasta el más viejo. Llamaron a Lot, y le dijeron: "¿Dónde están los varones que vinieron a tu casa esta noche? Sácalos, pues queremos tener relaciones con ellos" Lot salió hasta la puerta para hablar con ellos, pero cerró la puerta tras de sí. Y les dijo: "Hermanos míos, yo les ruego no cometer tal maldad. Yo tengo aquí dos hijas mías, que no han conocido varón. Voy a sacarlas, y ustedes podrán hacer con ellas lo que mejor les parezca; pero a estos varones no les hagan nada, pues han venido a refugiarse bajo mi tejado."

Génesis 19:1-8

Antes que Dios destruyera a Sodoma y Gomorra, la Biblia dice que él envió a dos de sus santos Ángeles para investigar el nivel de maldad en la ciudad. Cuando Lot vio a dos hombres y se dio cuenta de que eran desconocidos, los invitó a pasar la noche en su casa. Muchos no tenían idea de que estos dos hombres eran realmente santos Ángeles enviados por Dios para rescatar a Lot y a su familia en respuesta a la intercesión de Abraham. Lamentablemente, cuando los hombres de Sodoma descubrieron la presencia de estos dos hombres que estaban en custodia de Lot ellos comenzaron a golpear la puerta frontal de la casa de Lot. Ellos le exigieron a "Lot" que entregara a los dos hombres que estaban en su casa para tener sexo con ellos. Lo que es interesante es que "Lot" llamo al deseo y preferencia sexual de ellos "perverso." Sabemos que al deseo de ellos de tener sexo con otros hombres "Lot" lo llamo maldad, porque les ofreció una alternativa y método natural de apaciguar a su deseo sexual. Lot ofreció a estos hombres sus dos hijas vírgenes en lugar de los visitantes de sexo masculino, pero se negaron. Si el deseo sexual de estos hombres por otros hombres era genéticamente normal, ¿por qué Lot llamaría a su deseo expresado "maldad?".

> *No te acostarás con un hombre como si te acostaras con una mujer. Eso es un acto aberrante. No te allegarás a ningún animal para deshonrarte con él. Ninguna mujer se pondrá delante de ningún animal para ayuntarse con él. Ése es un acto perverso."*
>
> Levítico 18:21-23

Moisés, el autor del libro de Levítico, no contradice la conclusión de "Lot" que tener relaciones sexuales con otro hombre es maldad. Esta severa advertencia de Dios, en Levítico 18:21, es seguida inmediatamente por otra severa advertencia que indica que un hombre no debía deshonrarse a si mismo teniendo sexo con un animal. Asimismo, una mujer no iba a tener relaciones sexuales con otras mujeres o tener relaciones sexuales con un animal macho. Estos dos actos se etiquetaron como actos de perversión. Levítico 18:21 pasa por la cara de todos los datos científicos que nos quieran hacer creer que el fenómeno cultural y social de las relaciones sexuales entre personas del mismo sexo son normales y genéticamente inducidas. Al parecer, Dios no lo cree así. Dios no es un cruel amo que puede condenar a nadie por el simple hecho de una atracción sexual a los miembros del mismo sexo, si ese deseo fuera puesto por Dios mismo en la genética de cada individuo. Un acto de esa naturaleza sería como si Dios juzgara a un hombre negro por ser de color negro, o de piel oscura.

> *Cambiaron la verdad de Dios por la mentira, y honraron y dieron culto a las criaturas antes que al Creador, el cual es bendito por los siglos. Amén. Por esto Dios los entregó a pasiones vergonzosas. Hasta sus mujeres cambiaron las relaciones naturales por las que van en contra de la naturaleza. De la misma manera, los hombres dejaron las relaciones naturales con las mujeres y se encendieron en su lascivia unos con otros. Cometieron hechos vergonzosos hombres con hombres, y recibieron en sí mismos la retribución que merecía su perversión.*
>
> Romanos 1:25-27

Al momento en que llegamos al Nuevo Testamento y notamos que la opinión del Apóstol Pablo sobre el fenómeno de las relaciones sexuales entre personas del mismo sexo, tampoco defiere de la conclusión de Lot y Moisés. Por lo tanto, el Antiguo y el Nuevo Testamento coinciden en que las uniones y la atracción entre personas del mismo sexo son antinaturales. *Por medio de la armonización del consenso colectivo de los pasajes de las Escrituras, es evidente que las antiguas Escrituras Hebreas tratan el fenómeno de la atracción y relaciones sexuales entre personas del mismo sexo como una mutación genética diabólica.*

Esto no quiere decir ni dar a entender que los homosexuales son intrínsecamente demoníacos o personas malas. Algunas de las personas más agradables que he conocido son los miembros de la comunidad gay. Pero su inherente profunda y arraigada atracción sexual a los miembros del mismo sexo, se basa en una mutación de diseño demoníaco. Tras el fracaso del programa de los Nefilims debido a las devastadoras inundaciones, el diablo estaba aún aterrorizado por su memoria de la antigua profecía que Dios habló contra él en el Jardín del Edén. Realmente creo que Satanás concibió otro plan para interceptar la entrada de la semilla mesiánica en la tierra. Creo que después de la inundación, poderes demoníacos comenzaron a manipular la información genética del hombre, infundiendo en algunos una profunda atracción sexual por personas del mismo sexo. Esta nueva mutación demoníaca no estaba centrada en corromper lo que salió del vientre de la mujer, como en el programa de los Nefilims. Esta nueva mutación demoníaca fue diseñada para anular la consumación de la semilla y el nacimiento de ella totalmente.

Una persona no tiene que ser un genio para entender que no importa cuánto tiempo miembros del mismo sexo hayan tenido relaciones sexuales el uno con el otro, ellos nunca serán capaces de producir la segunda generación (hijos). En este sentido, lo que comúnmente se llama el estilo de vida gay es una estrategia inversa del Diablo en su programa original de los Nefilims. El único factor común, en ambos escenarios, es que en ambos casos el plan del Diablo depende de su habilidad para manipular el ADN del hombre para sus propios fines. Este pasaje final de este capítulo no fue escrito para demonizar a los miembros de la comunidad gay. Por favor, recuerde que el Señor Jesucristo nos ama a todos y que él murió por los pecados de todo el mundo. Pero, he incluido esta sección para ayudar a la Iglesia mundial a estar mejor equipada para administrar "La Salvación Genética" a los homosexuales y lesbianas en un espíritu de amor.

SECCIÓN DE APLICACIONES PARA LA VIDA

VERSO PARA MEMORIZAR

TÉste es el libro de los descendientes de Adán. El día en que Dios creó al hombre, lo hizo a su semejanza. Los creó hombre y mujer, y los bendijo. El día en que fueron creados les puso por nombre Adán. Y Adán vivió ciento treinta años, y engendró un hijo a su imagen y semejanza, y le puso por nombre Set.

Génesis 5:1-3

REFLEXIONES

¿Qué es una mutación genética?

_____

_____

_____

_____

_____

¿Cuál es el Programa de los Nefilims?

_____

_____

_____

_____

_____

SECCIÓN DE APLICACIONES PARA LA VIDA

COMPRENDIENDO LAS MALDICIONES GENERACIONALES

Dios habló y dijo todas estas palabras: "Yo soy el Señor tu Dios. Yo te saqué de la tierra de Egipto, donde vivías como esclavo. No tendrás dioses ajenos delante de mí. No te harás imagen, ni semejanza alguna de lo que está arriba en el cielo, ni abajo en la tierra, ni en las aguas debajo de la tierra. No te inclinarás ante ellas, ni las honrarás, porque yo soy el Señor tu Dios, fuerte y celoso. Yo visito en los hijos la maldad de los padres que me aborrecen, hasta la tercera y cuarta generación

Éxodo 20:1-5

La Biblia nos dice que *"la maldición sin motivo jamás llega a su destino."* Esto significa que si una propiedad o persona es maldecida, generalmente hay una razón legítima o motivos para ello. Éxodo 20:1 contiene la nomenclatura de una *maldición generacional.* Antes de que podamos exponer sobre este poderoso pasaje, quiero definir la palabra "generación" para ayudarnos a comprender las maldiciones generacionales y cómo funcionan.

Por definición, la palabra "Generación" es una palabra compuesta de dos palabras muy potentes. Estas dos palabras son "Gene" y "Ración", un "gen" es la unidad básica *de la herencia en un organismo vivo. Todos los seres vivos dependen de los genes. Los genes tienen la información para construir y mantener las células de un organismo y pasar rasgos genéticos a la descendencia.* Por otro lado, la palabra "Ración" significa lo siguiente: *una parte designada a una persona o un grupo, proveer con una ración; limitar (a alguien) un permiso específico de algo; racionar (especialmente en un momento de escasez de suministro); limitar el acceso a; restringir (una actividad, etc.).* También definiremos la palabra "Maldición." Una "maldición" es algo que causa sufrimiento o la muerte; un encantamiento: *un hechizo maléfico; un llamamiento a algún poder sobrenatural demoniaco para causar mal a alguien o algún grupo.*

Ahora podemos definir correctamente y de forma inteligente el fenómeno espiritual conocido como "Las Maldiciones Generacionales." Basado en las conjunciones mencionadas anteriormente, podemos llegar a las siguientes definiciones de una *"maldición generacional".*

- Una *Maldición Generacional* es un hechizo maléfico que se adjunta a la ración de los genes de una persona.

- Una *Maldición Generacional* un llamamiento a algún poder sobrenatural demoniaco para causar mal a una persona o algún grupo (linaje familiar) basado en la ración de los genes.

- Una *Maldición Generacional* es un flagelo que está conectado a la ración de los genes de una persona.

- Una *Maldición Generacional* es algo que causa sufrimiento o muerte que se adjunta a la ración de los genes de una persona.

- Una *Maldición Generacional* es un fenómeno demoniaco que transporta los demonios y las tendencias demoníacas hasta la segunda generación, a través de la ración de los genes que la segunda generación recibió de la primera generación.

Mirando a las definiciones anteriores del fenómeno conocido como *Las Maldiciones Generacionales,* es fácil ver por qué al diablo y los poderes demoníacos les encanta hacer su trabajo sucio a través de la genética de la raza humana. El enemigo sabe que si él se adhiere a la *ración de genes* que estamos pasando a nuestros hijos, el será capaz de multiplicar su influencia diabólica en nuestros hijos y los hijos de sus hijos. En gran medida, mi definición favorita de maldición generacional es la que el Espíritu Santo me dio recientemente. La declaro a continuación para su beneficio.

- Una Maldición Generacional es un derecho de retención o gravamen demoníaco contra nuestra ración de genes, debido a la falta de pago por una factura espiritual o maldad en nuestro árbol genealógico que el enemigo se siente justificado la ejecutar legalmente, hasta la tercera y cuarta generación.

Impuestos a La Propiedad No Pagados

Permítanme darles un relato alegórico, para ilustrar las implicaciones prácticas y proféticas de la definición anterior de lo que es una *maldición generacional*. Una mujer que vive en Nueva York, con el nombre de Susie, recibe una llamada telefónica diciendo que ambos padres ricos fallecieron en un accidente de avión. Los abogados de los padres fallecidos de Susie la contactan, suplicándole a que visite sus oficinas después del funeral. Ellos quieren que ella vaya para la lectura del testamento y última voluntad de sus padres. Cuando ella llega a la oficina, los abogados abren el testamento y última voluntad y empiezan a leer su contenido. Susie descubre, para su gran sorpresa, que sus padres le dejaron la magnífica casa de playa en Florida de 7 millones de dólares. Susie apenas se puede creer lo que oye. Ella es ahora la orgullosa propietaria de una magnífica mansión multimillonaria.

UNA MALDICIÓN GENERACIONAL ES UN HECHIZO MALÉFICO QUE SE ADJUNTA A LA RACIÓN DE LOS GENES DE UNA PERSONA.

Susie rápidamente vende su pequeño apartamento en la Ciudad de Nueva York y se muda a Florida, a tomar residencia en su magnífica casa de playa de siete millones de dólares. Un mes después de vivir en la casa que sus padres la dejaron, ella recibe unos inesperados visitantes. Pero he aquí que los visitantes son del Servicio de Impuestos Internos (conocido comúnmente como el IRS, por sus siglas en inglés). Con manos temblorosas y sudorosas, Susie recibe a los recaudadores de impuestos en su nueva casa. Sin rodeos de palabras, los recaudadores llegan al punto de su visita.

"Susie, nuestros registros indican que usted es ahora la propietaria de esta mansión, es esto cierto? Sí Señor!" Susie rápidamente responde. *"¿Sabía usted que hay un gravamen por 2,5 millones de dólares en contra de esta propiedad que corresponde a los impuestos no pagados durante los últimos cinco años? No Señor, yo no tenía ni idea", Susie respondió. "Ahora que usted es la nueva dueña de la mansión, usted es la responsable de pagar este gravamen y las multas. De lo contrario, el resultado sería que el IRS subastaría la casa para recuperar nuestros impuestos. ¿Entiende esto? Sí Señor!" Responde Susie con timidez.*

La analogía nos da un cuadro gráfico de cómo funcionan realmente las maldiciones generacionales. Aunque Susie no era responsable por no pagar los impuestos a la propiedad en los últimos cinco años, ella no obstante llego a ser la responsable de ellos en el momento que ella hereda el estado familiar. *Así como todas las maldiciones generacionales están basadas en el derecho de sucesión, la historia anterior es un ejemplo de cómo el diablo pone gravámenes demoníacos contra nuestro linaje o línea ancestral.* A menos que estos gravámenes demoníacos contra nuestro linaje o genealogía sean sobrenaturalmente retirados, seguiremos pagando un muy alto precio en nuestro presente por los pecados de nuestros antepasados.

La Montaña de la Ley

No te inclinarás ante ellas, ni las honrarás, porque yo soy el Señor tu Dios, fuerte y celoso. Yo visito en los hijos la maldad de los padres que me aborrecen, hasta la tercera y cuarta generación.

Éxodo 20:5

Tal vez el factor más importante a comprender de las maldiciones generacionales es que están basadas en la Montaña (o Reino) de la Ley. La expresión *"visita la maldad de los padres sobre los hijos"* en el versículo anterior es una frase muy interesante. La palabra "maldad" en la frase se refiere a los actos de la anarquía. *Por lo tanto, un pecado es un acto ilegal o un acto en contra de la ley de Dios.* Desde que la ley de Dios gobierna todo en la creación y es la ley suprema de la creación, un "pecado" tiene un gran alcance de implicaciones espirituales. Basado en el pasaje anterior es muy claro que son estas iniquidades cometidas por nuestros antepasados, contra la Ley de Dios, las que abren la puerta a las maldiciones generacionales sobre las generaciones futuras.

Esto también significa que todas *las maldiciones generacionales* se basan en las violaciones contra la Ley de Dios. Desde que *las maldiciones generacionales* son subproductos de las violaciones contra la ley de Dios, es imposible derrocar *las maldiciones generacionales* sin abordar las cuestiones jurídicas envueltas en ellas. Esta es la razón por la que creo que *las maldiciones generacionales* nunca podrían ser totalmente anuladas por aquellos que no respetan y cumplen la ley de Dios en donde estas maldiciones generacionales están establecidas.

La Dinámica de La Ley

Porque el pecado es el aguijón de la muerte, y la ley es la que da poder al pecado. 1 Corintios 15:56

Desde que las maldiciones generacionales están basadas en la Montaña (o Reino) de la Ley, nos es conveniente entender la dinámica del Derecho. Durante todo el tiempo que puedo recordar, he tenido un gran interés por el tema de la Ley y el Orden. Mi programa favorito de televisión de TNT es "La ley y el Orden." En 1 Corintios 15:56 el apóstol Pablo nos muestra uno de los aspectos más importantes de la Ley de Dios. El Apóstol Pablo nos dice que el aguijón de la muerte es el pecado, y la fuerza del pecado es la ley. Este es un muy poderoso principio de la Ley. El pecado no existe en realidad donde no hay ley. *En otras palabras, no hay delito sin ley. Es la ley la que le da definición y contexto al crimen.*

UNA MALDICIÓN GENERACIONAL ES UN DERECHO DE RETENCIÓN O GRAVAMEN DEMONÍACO CONTRA NUESTRA RACIÓN DE GENES, DEBIDO A LA FALTA DE PAGO POR UNA FACTURA ESPIRITUAL O MALDAD EN NUESTRO ÁRBOL GENEALÓGICO QUE EL ENEMIGO SE SIENTE JUSTIFICADO LA EJECUTAR LEGALMENTE, HASTA LA TERCERA Y CUARTA GENERACIÓN.

En los Estados Unidos de América, a los civiles encontrados en posesión de un rifle de asalto por lo general son acusados de un crimen. Supongamos que no existiera ninguna ley en los libros de los Estados Unidos que prohibiera a los civiles a ser dueños de un rifle de asalto. ¿Sería un civil acusado de un crimen si se encontrara en posesión de un rifle de asalto? La respuesta es un rotundo "¡No!" Este es el mismo principio que el apóstol Pablo quiere enseñarnos sobre la dinámica de la Ley.

En consecuencia, las maldiciones generacionales, no valdrían ni el papel en el que están escritas si no existiera una "ley" que demande la restitución de la iniquidad de los antepasados. Por ello, quienes tratan de arreglar las maldiciones generacionales usando solamente la oración, sin satisfacer las exigencias de la Ley, van a fracasar en el intento. Esto se debe a que la "ley" es la fuerza de "pecado." Esto no significa que la ley es pecado. Pero, sin ella, el pecado no tendría ningún poder o contexto.

Todos los que viven por las obras que demanda la ley están bajo maldición, porque está escrito: Maldito sea quien no practique fielmente todo lo que está escrito en el libro de la ley.

Gálatas 3:10

En la epístola a los Gálatas 3:10 el apóstol Pablo nos da otro principio de derecho. Este principio se puede resumir en esta expresión, "quien es culpable de violar la ley en una parte ha quebrantado toda la ley." Este pasaje nos muestra también que a la persona encontrada culpable de romper uno de los elementos de la ley de Dios era culpable de violar la ley entera, y entró bajo maldición. Este principio significa que la ley solo puede ser satisfecha por sí misma. Permítanme ilustrar este punto con una historia alegórica.

1000 Multas de Tráfico

Supongamos por un momento que el departamento de policía de la ciudad acaba de publicar una orden para su arresto porque tiene mil infracciones de tráfico. Con el fin de salvarse de ir a la cárcel, usted se apresura a la corte para pagar las multas de tráfico. En el juzgado, el juez le invita a hablar en su defensa. Supongamos en que esta es la manera en que usted se defiende a sí mismo. *"Su Señoría, yo sé que soy culpable de haber cometido esas 1000 infracciones de tráfico. Sin embargo, su Señoría, quiero ofrecerle un trato. Tengo en mis manos miles de dólares para el pago de la mitad de mis infracciones de tráfico. Su Señoría, ya que le estoy dando a este tribunal una gran suma de dinero, creo que usted debería de renunciar a la sentencia contra mí por las 500 restantes multas de tránsito".*

¿Qué cree usted que sería la respuesta de cualquier juez respetuoso de si mismo que entiende la dinámica de la Ley? Creo que el juez le diría que su sala del tribunal de la Ley no es lugar para esas negociaciones. También le recordaría que la gran suma de dinero que se paga por 500 de las 1000 infracciones es simplemente lo que la ley requiere de usted. No es un favor que se está otorgando en la sala del tribunal. Por otra parte, el juez probablemente le dirá que si no paga por las 500 infracciones de tránsito restantes, le pondrán en la cárcel.

La Dinámica Del Linaje

También José, que era descendiente del rey David, subió de Nazaret, ciudad de Galilea, a Judea. Fue a Belén, la ciudad de David.

Lucas 2:4

La alegoría ayuda a ilustrar lo que yo llamo la dinámica del linaje. *Las maldiciones generacionales se basan en iniquidades que han tenido lugar en un determinado linaje ancestral o el linaje desde el primer progenitor.* Dado que este es el caso, es importante para comprender la dinámica de los linajes. En primer lugar vamos a definir la palabra "linaje." *"linaje" es una secuencia de especies que forman una línea de descendencia. Cada nueva especie es el resultado directo de la derivación genética de una inmediata especie ancestral.*

LA "LEY" ES LA FUERZA DEL "PECADO." ESTO NO SIGNIFICA QUE LA LEY ES PECADO. PERO, SIN ELLA, EL PECADO NO TENDRÍA NINGÚN PODER O CONTEXTO.

En base a la definición anterior de la palabra linaje, podemos decir con seguridad que la duración de cualquier *Maldición Generacional* está basada sobre el linaje de la persona que está afectada por la misma. En palabras sencillas un linaje es simplemente la "edad" de la línea ancestral. Esto significa que si el linaje o la edad de la línea ancestral, es de 1000 años, arrepentirse por las iniquidades de los últimos 100 años que podamos recordar, no nos libra de las iniquidades de los otros 900 años. Este principio es el mismo que el del hombre que debe el estado 1000 infracciones de tránsito pero sólo gestiona para pagar 500. La Ley todavía le considera responsable de las 500 infracciones de tráfico restantes sin pagar.

Esto podría explicar por qué la forma tradicional de romper *maldiciones generacionales* no ha tenido mucho éxito. Las personas que buscan la liberación de las *maldiciones generacionales*, por medio de los ministerios de liberación que no entienden la tecnología espiritual contenida en este libro, acabará por tener que volver una y otra vez en busca de más oraciones. Este libro *"Rompiendo Maldiciones Generacionales bajo el Orden De Melquisedec"* está diseñado para mostrarle a usted cómo puede Dios sobrenaturalmente sacarle de su linaje natural, por medio de la sobreimposición sobrenatural de Su divinidad sobre su humanidad.

SECCIÓN DE APLICACIONES PARA LA VIDA

VERSO PARA MEMORIZAR

Dios habló y dijo todas estas palabras: "Yo soy el Señor tu Dios. Yo te saqué de la tierra de Egipto, donde vivías como esclavo. No tendrás dioses ajenos delante de mí. No te harás imagen, ni semejanza alguna de lo que está arriba en el cielo, ni abajo en la tierra, ni en las aguas debajo de la tierra. No te inclinarás ante ellas, ni las honrarás, porque yo soy el Señor tu Dios, fuerte y celoso. Yo visito en los hijos la maldad de los padres que me aborrecen, hasta la tercera y cuarta generación

Éxodo 20:1-5

REFLEXIONES

¿Qué es una maldición generacional?

_____

_____

_____

_____

_____

¿Qué es una anomalía genética?

_____

_____

_____

_____

_____

SU DIARIO PERSONAL
DE ESTE CAPÍTULO

_____

_____

_____

_____

_____

_____

_____

_____

_____

_____

_____

_____

_____

_____

_____

_____

_____

_____

_____

_____

_____

_____

_____

_____

_____

_____

LA ANATOMÍA DE UNA MALDICIÓN GENERACIONAL

Dios habló y dijo todas estas palabras: "Yo soy el Señor tu Dios. Yo te saqué de la tierra de Egipto, donde vivías como esclavo. No tendrás dioses ajenos delante de mí. No te harás imagen, ni semejanza alguna de lo que está arriba en el cielo, ni abajo en la tierra, ni en las aguas debajo de la tierra. No te inclinarás ante ellas, ni las honrarás, porque yo soy el Señor tu Dios, fuerte y celoso. Yo visito en los hijos la maldad de los padres que me aborrecen, hasta la tercera y cuarta generación,

Éxodo 20:1-5

En este capítulo, nuestra investigación en la nomenclatura de la tecnología espiritual para anular las maldiciones generacionales y la curación de anomalías genéticas, nos exige quirúrgicamente analizar "la anatomía espiritual de una maldición generacional." Para ayudarnos a bucear en las profundidades de este análisis tenemos que definir claramente la ciencia de la anatomía.

El diccionario en línea (Thesaurus en Inglés) define la ciencia de la anatomía de la siguiente manera:

- El estudio de la estructura corporal de una planta o un animal o de cualquiera de sus partes.

- La ciencia de la forma y estructura de los organismos y sus partes individuales.

- Disección de una planta o un animal para el estudio de la estructura, posición y la interrelación de los diversos elementos que la integran.

- Un examen detallado o el análisis de un esqueleto o el cuerpo humano.

Básicamente la ciencia de la anatomía trata de entender el sistema interno de cualquier organismo vivo. Esta ciencia estudia las diferentes partes u órganos de un organismo vivo y cómo se interrelacionan los componentes individuales dentro de la estructura de un organismo vivo. Por lo tanto, la ciencia de anatomía espiritual, que es un mayor y más creíble que la ciencia de anatomía natural, implica también la cirugía y análisis espiritual de lo interno de la matriz de cualquier organismo espiritual o tecnología. En nuestros esfuerzos por comprender las maldiciones generacionales y cómo podemos romperlas permanentemente, sería prudente de nuestra parte comprender la anatomía espiritual de una "maldición generacional".

En mi opinión, son muy pocos los pasajes bíblicos que capturan la anatomía completa de una maldición generacional como en Éxodo 20:1 -5. Esta es la razón por la que voy a usar este pasaje para llevarle a una profunda comprensión de la anatomía espiritual de una maldición generacional.

Dios

Dios habló y dijo todas estas palabras: "Yo soy el Señor tu Dios. Yo te saqué de la tierra de Egipto, donde vivías como esclavo. No tendrás dioses ajenos delante de mí".

Éxodo 20:1-3

El primero y más importante elemento en la anatomía de una "maldición generacional" es "Dios." Esto puede parecer sorprendente a muchos creyentes de que voy a incluir a Dios en la anatomía de una maldición generacional. El contexto en el que incluyo a "Dios" en la anatomía de una maldición generacional es simplemente establecer el hecho de que la Biblia enseña que el "pecado" es una acción contra la santidad de Dios antes de que sea contra cualquier otra cosa. Después de que David cometió adulterio con la mujer de Urías, lloró con profundo arrepentimiento a Dios y esto es lo que dice en el Salmo cincuenta y uno. *"Contra ti, y solo contra ti (Dios), he pecado!"* Esta es una declaración muy sorprendente teniendo en cuenta que David pecó con la esposa de otro hombre. Yo hubiera pensado que el primer verso del Salmo cincuenta y uno debería de leerse de la siguiente manera. *"Contra ti "Urías" y (Dios), he pecado."* Pero, al parecer, el Rey David entiende que el "pecado" en su esencia siempre es una postura contra Dios, porque todos vivimos en el mundo de Dios.

BÁSICAMENTE LA CIENCIA DE LA ANATOMÍA TRATA DE ENTENDER EL SISTEMA INTERNO DE CUALQUIER ORGANISMO VIVO.

Es por eso que antes de orar por liberación de maldiciones generacionales y anomalías genéticas; primero guio a las personas a una oración de arrepentimiento a Dios. Esto es porque me doy cuenta de que el pecado que abrió la puerta y le dio entrada a la maldición generacional es, ante todo, una acción contra la santidad de Dios. Guiándoles a través de una oración de arrepentimiento antes de pedirle a Dios que los libere, garantiza el favor y el poder de Dios sobre su situación.

La Ley de Dios

¿Puesto que hablo con quienes conocen la ley, les pregunto: ¿Acaso ignoran, hermanos, que la ley ejerce poder sobre alguien mientras esa persona vive?

Romanos 7:1

El segundo elemento de la anatomía de una maldición generacional es "la ley de Dios." Ya hemos mencionado el hecho de que la fuerza del pecado es la ley. Esto significa que donde no hay ley, el pecado es impotente. Esto es a lo que el apóstol Pablo se refiere en el libro de Romanos cuando dice, "antes de la entrega de la ley, había pecado en el mundo, pero no fue imputado." Sin el "Concepto de la Ley" en cualquier sociedad, es imposible definir claramente "crimen y castigo." Puesto que todas las maldiciones generacionales tratan tanto como con crimen y castigo, sólo pueden existir en la medida en que representen las consecuencias de violar la ley de Dios.

Esta es la razón por la que me enfoco en abordar las legalidades detrás de cualquier maldición generacional antes de proceder a romperlas. Es imposible eliminar por completo los reclamos de cada maldición generacional de la vida de una persona sin sanar la "ruptura" contra la ley de Dios que ocurrió en su pasado inmediato o en todo su linaje.

Una Iniquidad

Dios habló y dijo todas estas palabras: "Yo soy el Señor tu Dios. Yo te saqué de la tierra de Egipto, donde vivías como esclavo. No tendrás dioses ajenos delante de mí. No te harás imagen, ni semejanza alguna de lo que está arriba en el cielo, ni abajo en la tierra, ni en las aguas debajo de la tierra. No te inclinarás ante ellas, ni las honrarás, porque yo soy el Señor tu Dios, fuerte y celoso. Yo visito en los hijos la maldad de los padres que me aborrecen, hasta la tercera y cuarta generación,

Éxodo 20:1-5

El tercer elemento de la anatomía de una maldición generacional se llama "iniquidad." El pecado es un "acto ilegal contra la ley de Dios." Basado en el pasaje anterior es evidente que el Señor enlistó detalladamente las acciones que El consideraba violaciones graves a Su santidad o ley suprema. Esto significa que cada acción que viole la ley de Dios y que es perpetuada por los miembros de cualquier familia genealógica crea una "iniquidad" contra ese árbol genealógico.

Desde que las iniquidades son acciones contra la ley de Dios en cualquier linaje, por tanto que el linaje de una persona exista, un mayor número de iniquidades se adhieren a ese árbol genealógico. Este es el motivo por el que el método tradicional de romper maldiciones generacionales por el delineamiento y arrepentimiento de pasadas injusticias que podamos recordar no funciona muy bien, porque la mayoría de nosotros no sabemos el número de iniquidades que se adjuntan a nuestro árbol genealógico a través de la edad de nuestro linaje. Este libro le enseñara cómo emplear una manera más excelente para destruir las iniquidades gobernantes en nuestro árbol genealógico.

Un Linaje (Línea Genealógica) Rastreable

"No te inclinarás ante ellas, ni las honrarás, porque yo soy el Señor tu Dios, fuerte y celoso. Yo visito en los hijos la maldad de los padres que me aborrecen, hasta la tercera y cuarta generación"

Éxodo 20:5

DESDE QUE LAS INIQUIDADES SON ACCIONES CONTRA LA LEY DE DIOS EN CUALQUIER LINAJE, POR TANTO QUE EL LINAJE DE UNA PERSONA EXISTA, UN MAYOR NÚMERO DE INIQUIDADES SE ADHIEREN A ESE ÁRBOL GENEALÓGICO.

El cuarto elemento de la anatomía de una "maldición generacional" es un "linaje o línea genealógica rastreable." Ninguna maldición generacional puede funcionar en donde no se pueda rastrear el linaje o genealogía. Usted no puede realizar o imponer una maldición generacional en la ausencia de una estirpe o linaje. Por eso, "Cristo" el Sumo Sacerdote sobre el sacerdocio del Orden de Melquisedec es tan poderoso porque El no tiene genealogía terrenal rastreable o fin de la vida. Algunos de ustedes podrían decir: "Espere un minuto, no tiene Jesús un linaje rastreable siendo de la simiente de Abraham?" Sí, Jesús tuvo un linaje rastreable como descendiente del Rey David, pero debido al misterio del nacimiento virginal, nunca compartió la "genética" de ese linaje. Más importante aún antes de que Jesús se hiciera carne y habitara entre nosotros, El preexistió como "Cristo" La Palabra Viva de Dios, sin principio de días, ni fin de vida *(Juan 1:1)*.

Ya que todas las maldiciones generacionales se basan en "maldiciones" adheridas a la "ración de genes" que una persona recibió de sus antepasados, rastrear la línea genealógica a la que pertenecen la "ración de genes" es extremadamente importante. Cuando los detectives de un homicidio llegan a la escena de un crimen, rápidamente se ponen en marcha los parámetros para asegurar la escena del crimen. Después de hacerlo, empiezan por buscar huellas dactilares y evidencias relacionadas con el delito. Una vez que se encuentran las huellas dactilares a estas se les cepillan por ADN. Las muestras de ADN recogidas en la escena del crimen se envían al laboratorio del FBI donde se analizan en contra de su inmensa base de datos.

Cuando las muestras de ADN tomadas de una escena de crimen coinciden con las de una persona en la base de datos del FBI, la policía sabe inmediatamente que tienen un "sospechoso y posible asesino." Las maldiciones generacionales funcionan con el mismo principio. Los detectives de homicidios en nuestra historia anterior representan a los "agentes demoníacos" que se encargan de hacer cumplir las sanciones que están adjuntadas a las iniquidades que están conectadas a la genealogía de la investigación.

Agentes Demoníacos

El que cava un hoyo, en él se cae; al que resquebraja un muro, lo muerde una serpiente.

Eclesiastés 10:8

"¿No debías tú tener misericordia de tu consiervo, como yo la tuve de ti?" Y muy enojado, el rey lo entregó a los verdugos hasta que pagara todo lo que le debía. Así también mi Padre celestial hará con ustedes, si no perdonan de todo corazón a sus hermanos.

Mateo 18:33

El quinto y último elemento en la anatomía de una maldición generacional son los "Agentes demoníacos." El escritor de Eclesiastés 10:8 nos dice que aquel que rompe un vallado será mordido por una serpiente. En la Biblia, se describe más a menudo a "las serpientes" como "espíritus demoniacos" que muerden a los habitantes de la tierra con su veneno. El Señor Jesucristo llamó a estos espíritus diabólicos "verdugos o agentes." Jesucristo dejó claro que los demonios tienen fundamentos jurídicos para oprimir a la gente que no caminan en las veredas hacia el perdón de los demás.

USTED NO PUEDE REALIZAR O IMPONER UNA MALDICIÓN GENERACIONAL EN LA AUSENCIA DE UNA ESTIRPE O LINAJE.

Estos agentes demoniacos son los que guardan la puntuación en contra de cada linaje o línea genealógica en la tierra que son culpables de violar la ley de Dios y su santidad. Es interesante observar que el mismo diablo, que seduce a los habitantes de la tierra a rebelarse contra la ley de Dios es también el mismo que castiga a las personas para hacerlo. La tecnología espiritual para romper las maldiciones generacionales que figura en este libro es capaz de aniquilar las demoníacas asignaciones de estos agentes demoniacos.

SECCIÓN DE APLICACIONES PARA LA VIDA

VERSO PARA MEMORIZAR

S *"¿No debías tú tener misericordia de tu consiervo, como yo la tuve de ti?" Y muy enojado, el rey lo entregó a los verdugos hasta que pagara todo lo que le debía. Así también mi Padre celestial hará con ustedes, si no perdonan de todo corazón a sus hermanos.*

Mateo 18:33

REFLEXIONES

¿Qué es anatomía espiritual?

_____

_____

_____

_____

_____

Nombre a uno de los elementos de la anatomía de una maldición generacional.

_____

_____

_____

_____

_____

69

SU DIARIO PERSONAL
DE ESTE CAPÍTULO

LA LEY DE LA HERENCIA

Dios habló y dijo todas estas palabras: "Yo soy el Señor tu Dios. Yo te saqué de la tierra de Egipto, donde vivías como esclavo. No tendrás dioses ajenos delante de mí. No te harás imagen, ni semejanza alguna de lo que está arriba en el cielo, ni abajo en la tierra, ni en las aguas debajo de la tierra. No te inclinarás ante ellas, ni las honrarás, porque yo soy el Señor tu Dios, fuerte y celoso. Yo visito en los hijos la maldad de los padres que me aborrecen, hasta la tercera y cuarta generación,"

Éxodo 20:1-5

En este capítulo, vamos a examinar la ley que regula *"Las Maldiciones Generacionales" y " Las Bendiciones Generacionales." Esta* ley es conocida como ley de sucesión. La ley de la herencia es la única ley tanto en el mundo espiritual como en el natural, que controla el paso de la propiedad o la genética de un miembro de la familia a otro. También podemos decir que la ley de la herencia controla el derecho de paso. Este derecho de sucesión viene realmente a ser muy útil cuando se pasa la propiedad de un pariente difunto. Los tribunales sucesorios tratan con las cuestiones de herencia durante todo el día. Otra institución en la tierra que es el mejor ejemplo del poder de la ley de la herencia es la institución del matrimonio. Vamos a examinar la dinámica de la ley de la herencia en la institución del matrimonio más tarde. Pero, puesto que este libro es sobre romper las maldiciones generacionales y anomalías genéticas, primero estudiaremos la dinámica de la ley de la herencia en el campo de la genética.

LA LEY DE LA HERENCIA ES LA ÚNICA LEY TANTO EN EL MUNDO ESPIRITUAL COMO EN EL NATURAL, QUE CONTROLA EL PASO DE LA PROPIEDAD O LA GENÉTICA DE UN MIEMBRO DE LA FAMILIA A OTRO.

Ley de sucesión en la Genética

Herencia Mendeliana: (o genética Mendeliana o Mendelismo) es un conjunto de principios básicos relativos a la transmisión hereditaria de las características de los organismos padres a sus hijos; en él se basan gran parte de la genética. Inicialmente, se deriva de los trabajos de Gregor Mendel publicado en 1865 y 1866, que fue "re-descubierto" en 1900, y fue inicialmente muy controvertido. Cuando estos se integraron en la teoría cromosómica de la herencia por, Thomas Hunt Morgan, en 1915, se convirtieron en el núcleo de la genética clásica.

Herencia: es el paso de los rasgos a la descendencia (de sus padres o antepasados). Este es el proceso por el cual la célula hija u organismo adquiere o esta predispuesta a las características de su célula madre u organismo. (Cita de Enciclopedia Libre)

El trabajo de Gregor Mendel y Thomas Hunt Morgan en el campo de la genética es inigualable. Es debido a la labor de estos dos brillantes científicos genéticos que nos ha ayudado a saber con certeza que los "genes" son los responsables de gran parte de la transmisión de características hereditarias de los organismos padres a sus hijos. Es claro, entonces, que la ley de la herencia regula la transferencia de genes de una generación a la siguiente.

Derechos de Sucesión

Hemos llegado a la conclusión de que la transmisión de características hereditarias de los organismos padres a sus hijos se basa en la "ración de genes" que se transmiten de una generación a otra. Por lo tanto, no podemos anular las maldiciones generacionales y anomalías genéticas sin romper el poder de la ley de la herencia que gobierna ese linaje. Ya que las maldiciones generacionales están basadas en iniquidades que se adjuntan a la "ración" de "genes" que una persona hereda de su árbol genealógico; tenemos que encontrar una forma de liberar a las personas legalmente de su comprometida *"ración" de "genes"*.

Un tiempo atrás, me convertí en un ciudadano americano. Había pasado a través de un largo proceso jurídico para convertirse en ciudadano americano. A pesar de haber nacido en África, yo sabía que podía cambiar mi herencia si atravesaba por los canales legales para convertirme en ciudadano americano. Cuando el Departamento de Seguridad Nacional y los Servicios de Inmigración me informaron que mi solicitud para la ciudadanía había sido aprobada yo me llene de alegría. Me pidieron que fuera al centro de inmigración para tomar el juramento de lealtad para convertirme en un ciudadano. Después de decir el juramento de lealtad, un funcionario del gobierno de los Estados Unidos me declaró un ciudadano de los ESTADOS UNIDOS. Tan pronto como me pronunciaron un ciudadano de los Estados Unidos me dijeron que ahora yo tenía todos los derechos y privilegios de un ciudadano de los Estados Unidos. Mis derechos de ciudadanía no eran diferentes a los estadounidenses nacidos en los Estados Unidos. Al convertirme en un ciudadano americano, me había yo legalmente exento de ser un ciudadano de Zambia, el país de mi nacimiento.

El propósito de compartir mi historia es demostrar que existen cauces legales y procedimientos en el mundo espiritual y el mundo natural en el que podemos cambiar nuestra herencia. Aplicando este principio, podemos comenzar a ver cómo Dios puede usar la misma dinámica del derecho de sucesiones para cortar toda maldición generacional que se hayan adjuntado a nuestros linajes naturales si hemos denunciado legalmente a nuestra lealtad a ellos con el fin de abrazar nuestra ciudadanía en el Reino de Dios.

El Matrimonio y la Ley de la Herencia

Por eso el hombre dejará a su padre y a su madre, y se unirá a su mujer y serán un solo ser.

Génesis 2:24

Al principio de este capítulo mencioné el hecho de que la institución del matrimonio es el mejor vehículo para expresar la potencia y el funcionamiento interno de la ley de la herencia. El matrimonio puede cambiar la condición social y económica de una persona en un solo día. Voy a contarle una historia alegórica simplemente para demostrar la dinámica de la ley de la herencia y la forma en que nos proporciona la solución perfecta para la absolución de *las maldiciones generacionales y anomalías genéticas"*.

HERENCIA MENDELIANA: ES UN CONJUNTO DE PRINCIPIOS BÁSICOS RELATIVOS A LA TRANSMISIÓN HEREDITARIA DE LAS CARACTERÍSTICAS DE

LOS ORGANISMOS PADRES A SUS HIJOS; EN ÉL SE BASAN GRAN PARTE DE LA GENÉTICA.

Una Alegoría

Suzy Pierre es una hermosa mujer que vive en el sur de Francia. Ella es inteligente y divertida, pero ha vivido una vida muy desventajosa. Nació en una familia de campesinos. Su familia es una de las familias más pobres en el sur de Francia. La extrema pobreza de su familia fue tan severa que Suzy se vio obligada a abandonar la escuela y comenzó a trabajar como sirvienta en un complejo muy caro y famoso.

Mientras tanto, en los Estados Unidos de América, un hombre con el nombre de John Adams que vive en Hollywood, California, estaba listo para abordar un jet privado en dirección al Sur de Francia, a permanecer en el mismo complejo donde Suzy trabaja. La revista de negocios Forbes figura que el patrimonio del Sr. John Adams es de 1.5 mil millones de dólares netos.

Un tranquilo día Suzy entró a trabajar como de costumbre. Y cuando ella llegó al hotel para comenzar sus funciones normales, su jefe la llamó a su lado y le dijo que se le había dado una asignación muy especial esa mañana. Ella tenía que limpiar el pent-house de un hombre muy rico con el nombre de John Adams de los Estados Unidos de América. Suzy, se dirigió al pent-house para limpiarlo, sabiendo que si ella hacía un buen trabajo, alcanzaría gran favor con su jefe.

Cuando ella llega al pent-house ocupado por el Sr. John Adams, hace una pausa y, a continuación, toca la puerta delantera suavemente. Una imponente voz de hombre de detrás de la puerta dice: "Entre por favor." Ella entra rápidamente. Una vez dentro, se afana a realizar sus tareas de limpieza. Sin saberlo ella, su belleza física ha dejado al Sr. John Adams sin aliento. En sus ojos, ella es más hermosa que un ángel. Si hay algo como el amor a primera vista, él sabía que había sido flechado. Para no hacer largo el cuento, el Sr. John Adams acaba casándose con Suzy Pierre y la lleva a América. Ella llega con su nuevo marido al campo de aterrizaje en Hollywood, California como la señora Suzy Adams.

Ahora, aquí viene la pregunta del millón de dólares. "Después de su matrimonio con el Sr. John Adams, está Suzy Pierre todavía afectada por la pobreza o es una millonaria?" Cualquiera que entienda cómo funciona la herencia de la ley en el matrimonio sabe que cuando ella se casó con el señor John Adams todo lo que él tenía se convirtió en su propiedad. Incluso el cambio de nombre de Suzy Pierre a Suzy Adams era una garantía de que su destino había cambiado radicalmente.

¿Qué hay de nuestro matrimonio con Cristo?

Por eso el hombre dejará a su padre y a su madre, y se unirá a su mujer, y los dos serán un solo ser. 32 Grande es este misterio; pero yo digo esto respecto de Cristo y de la iglesia. 33 Por lo demás, cada uno de ustedes ame también a su esposa como a sí mismo; y ustedes, las esposas, honren a sus esposos.

Efesios 5:31-33

Si el relato alegórico anterior tiene alguna validez en cuanto a la dinámica de la ley de la herencia dentro de la institución del matrimonio, entonces hemos develado el misterio para romper *las maldiciones generacionales* permanentemente. En lugar de tratar de arreglar nuestro comprometido y quebrantado linaje de pecado, debemos permitir que nuestro matrimonio con Cristo altere nuestra herencia. Nuestro matrimonio con Cristo, a su vez, nos brinda las bases jurídicas para exigir nuestra completa absolución de todas las iniquidades generacionales anexas a nuestros linajes naturales.

La Biblia es clara en cuanto a que Jesucristo era la perfecta simetría entre la humanidad y la divinidad. En su divinidad "Cristo" "no tiene ninguna genealogía terrenal" que lo pueda detener a él en el pasado, y en Su humanidad representa el total de la perfección genética. En su humanidad, había un árbol genealógico que era un depósito perfecto de genética y ADN espiritual. Al casarnos con él, vamos a heredar tanto su falta de rastreabilidad genealógica humana a las "Maldiciones generacionales" como su eterna justicia. Al casarnos con él, también heredamos su perfecto ADN tanto genético como espiritualmente, que a cambio se superponen a nuestra quebrantada genética. La superposición de Su divinidad sobre nuestra humanidad nos provee los documentos de absolución de cualquier *"maldición generacional."* La superposición de Su perfecta humanidad sobre nuestra quebrantada humanidad nos provee con el antídoto que necesitamos para sanar cualquier anomalía genética en nuestra vida.

75

SECCIÓN DE APLICACIONES PARA LA VIDA

VERSO PARA MEMORIZAR

Jesús dijo también: "Un hombre tenía dos hijos, y el menor de ellos le dijo a su padre: "Padre, dame la parte de los bienes que me corresponde." Entonces el padre les repartió los bienes."

Lucas 15:11-12

REFLEXIONES

¿Qué es la ley de la herencia?

_____

_____

_____

_____

_____

¿Cómo nuestro matrimonio con Cristo nos ayuda para librarnos de todas las maldiciones generacionales?

_____

_____

_____

_____

_____

SU DIARIO PERSONAL
DE ESTE CAPÍTULO

Ocho

SUPERNATURAL GENETIC RECONFIGURATION

Finalmente hemos llegado a uno de mis capítulos favoritos en este libro. Este capítulo, por encima de todos los demás, se centrará en el proceso de ingeniería genética sobrenatural. Este capítulo claramente nos mostrara que Dios es capaz de sanar, restaurar y reconfigurar la deteriorada genética de la humanidad. Este capítulo nos muestra que Dios es capaz de invalidar y reparar cualquier tipo de mutación genética demoníaca dentro del genoma humano. Este capítulo nos mostrará que antes de que los científicos genéticos y patólogos forenses descubrieran el fenómeno conocido como la ingeniería genética, Dios reveló esta tecnología a Su siervo Jacob.

Para todos los propósitos prácticos, Jacob se convirtió en uno de los hombres más ricos de Siria cuando trabajaba para su tío Labán. Esto es debido a que Dios le mostró cómo manipular la genética de los animales que estaba pastoreando. Esta revelación cambió su posteridad. Antes de ir más profundo en este escrito, quiero que definamos, en primer lugar, el término *ingeniería genética*.

Definición: *"ingeniería genética"* es la alteración del código genético por medios artificiales, y es, por lo tanto, diferente de la tradicional cría selectiva.

Y Labán le dijo: "¿Qué quieres que te dé?" Y Jacob respondió: "No me des nada. Si quieres hacer algo por mí, haz lo siguiente y yo volveré a cuidar de tus ovejas. Hoy pasaré por todo tu rebaño, y apartaré todas las ovejas manchadas y salpicadas de color, y todas las ovejas de color oscuro, más las cabras que sean manchadas y salpicadas de color. Ésta será mi paga. Así el día de mañana, cuando vengas a reconocer mi paga, mi honradez responderá por mí. Toda cabra que no sea pintada ni manchada, y toda oveja entre mis ovejas que no sea de color oscuro, se me achacará como robada." Labán dijo entonces: "Pues bien, que sea como tú dices." Ese mismo día, Labán apartó los machos cabríos manchados y rayados, y todas las cabras manchadas y salpicadas de color, y toda la que tenía en sí algo de blanco, y todas las ovejas de color oscuro, y las puso a cargo de sus hijos. Luego puso tres días de camino entre él y Jacob. Mientras tanto, Jacob cuidaba el resto de las ovejas de Labán. Jacob tomó entonces varas verdes de álamo, avellano y castaño, y les quitó la corteza para que se viera lo blanco de las varas; luego puso las varas sin corteza en los abrevaderos, donde las ovejas venían a beber agua, y éstas se apareaban delante de las varas cuando venían a beber. Así las ovejas concebían delante de las varas, y parían borregos listados, pintados y salpicados de diversos colores. Entonces Jacob apartaba los corderos, y todos los oscuros y listados del hato de Labán los ponían entre su propio rebaño; luego ponía aparte su hato, y no lo juntaba con las ovejas de Labán. Y cada vez que las ovejas más fuertes estaban en celo, Jacob ponía las varas en los abrevaderos, delante de las ovejas, para que concibieran a la vista de las varas; pero cuando venían las ovejas más débiles, no las ponía. Así, las más débiles eran para Labán, y las más fuertes para Jacob. Fue así como este varón llegó a ser muy rico, y tuvo muchas ovejas, y siervas y siervos, además de camellos y asnos

Génesis 30:37-43

Después de veinte años de trabajo con su tío y suegro, llamado Labán, Jacob vio que aún vivía en la pobreza extrema, a pesar de que su unción y su habilidad para cuidar ovejas estaban liberando gran cantidad de bendiciones materiales a la casa de Labán. Deprimido y preocupado por su falta de logros financieros, Jacob le preguntó a su suegro que lo dejara regresar al país de su padre. Pero, Labán no estaba dispuesto a dejar su empleado más productivo. Por lo tanto, el comenzó a pedirle a Jacob que se quedara.

El suegro de Jacob le dijo que nombrara el precio y que él se lo daría, pero que continuara trabajando para él. En este ambiente de negociación, Jacob hizo una petición inusual. Era una solicitud que a cualquier mente científica se le hubiera considerado tonta y mal asesorada. Jacob hizo una sugerencia que en su momento fue considerada a ser genéticamente imposible. Jacob dijo a su suegro que trabajaría para él un par de años más, con la condición de que le permitiera tomar como su salario, los animales que salieran con pintas de colores provenientes de los animales de un color.

"Ingeniería genética": es la alteración del código genético por medios artificiales, y es, por lo tanto, diferente de la

Labán apenas podía creer lo que estaba escuchando. Ahora estaba convencido de que su yerno era probablemente más tonto de lo que había pensado. Estaba seguro de que Jacob iba a seguir trabajando para él durante el resto de su vida. Jacob dijo a Labán que quería que tomara todos los animales de su ganado que eran pintados en alguna manera, y se los llevaran lejos de él. Esto significaba que Jacob sólo cuidaría de los animales de un color. Jacob entonces dejó caer la bomba genética. Él le dijo a su suegro que si llegara a pasar que un animal de color, produjera una descendencia manchada, le pertenecería a Jacob.

Después de que Jacob hiciera esta excepcional petición, Labán estaba más entusiasmado de lo imaginable. No tenía idea de que el Dios de Abraham e Isaac le había dado a Jacob una idea de negocios revolucionariamente científica. Esa era una idea que tenía miles de años por delante de su tiempo en el campo de la genética. Lo que Jacob estaba sugiriendo no tenía un precedente ni en la naturaleza ni en la ciencia. Lo que Jacob estaba sugiriendo era el equivale de pedirle a una pareja de negros dar a luz a un bebé blanco. En la mente de Labán, y en la de los intelectuales de su época, la decisión de Jacob lo condenada a una vida de pobreza y servidumbre. Labán no era científico, pero él sabía que lo que Jacob había sugerido era imposible.

Destino Alterado por sueños proféticos

Y resulta que, cuando las ovejas estaban en celo, yo levanté la vista, y en sueños vi que los machos que cubrían a las hembras eran listados, pintados y abigarrados. Entonces el ángel de Dios me habló en sueños, y yo me dispuse a escucharlo. Y me dijo: "Levanta ahora los ojos, y verás que todos los machos que cubren a las hembras son listados, pintados y abigarrados. Yo he visto todo lo que Labán te ha hecho. "Yo soy el Dios de Betel, donde tú ungiste la piedra, y donde me hiciste un voto. Levántate ahora y sal de esta tierra, y regresa a tu tierra natal."

Génesis 31:10-13

Mientras Labán se regocijaba por lo que él creía que era la peor decisión de Jacob; Jacob le estaba contando a sus esposas cómo Dios le había dado la idea de lanzar la primera y más antigua empresa de ingeniería genética. Jacob dijo a sus esposas acerca del destino alterado por sueños proféticos que Dios le había dado. En el sueño profético, el vio que Dios le iba a dar abundancia de ganado manchado proveniente de animales de un color.

Después de que su nuevo contrato de trabajo con su empleador Labán había sido firmado, Jacob descubrió el resto de lo divino del plan de negocios y la metodología. La Biblia dice que Jacob fue y corto las ramas de un árbol, luego, tomó un cuchillo, y corto manchas blancas en todas las ramas. Jacob cruzó estas ramas que había creado. Y, llego a pasar que cada vez que algún animal fuerte del ganado de color entraba en celo, Jacob colocaba la plantilla de las ramas atravesadas frente a ellos. Los científicos cerebros de hoy en día saben que en situaciones altamente emocionales, la formación reticular del cerebro se abre, y cualquier imagen que entra en el cerebro durante esos momentos tiene un efecto modificador en el cerebro y la genética.

Para asombro de todos, tanto las ovejas como los bueyes de un color comenzaron a tener descendencia manchada. Este proceso continuó hasta que Jacob tuvo más ovejas y ganado de su empleador.

La Tecnología de Los Nombres

Al octavo día fueron para circuncidar al niño, y querían ponerle el nombre de su padre, Zacarías. Pero su madre dijo: "No, va a llamarse Juan." Le preguntaron: "¿Por qué? ¡No hay nadie en tu familia que se llame así!" Luego preguntaron a su padre, por señas, qué nombre quería ponerle. Zacarías pidió una tablilla y escribió: "Su nombre es Juan." Y todos se quedaron asombrados.

Lucas 1:59

Y él hombre dijo:" Tu nombre ya no será Jacob, sino Israel: porque has luchado con Dios y con los hombres, y has prevalecido."

Génesis 32:28

Los dos pasajes anteriores sugieren fuertemente que los nombres juegan un papel crítico en la determinación de la naturaleza de una cosa, y cómo, en última instancia las funciones. Antes que Isaac naciera, Dios lo llamó por su nombre. Antes de que el rey Josías naciera, Dios lo llamó por su nombre y anunció su destino como reformador. Antes del nacimiento del profeta Juan el Bautista, el ángel Gabriel apareció a su padre Zacarías y le dio instrucciones explícitas, para nombrar a su hijo primogénito Juan.

El ángel Gabriel aparece por última vez, en el Nuevo Testamento, para anunciar el nacimiento del Mesías prometido del mundo - Jesús. Cuando el ángel Gabriel apareció en sueños a José y le dijo que llame al niño que iba a ser nacido del vientre de María, Yeshua (Jesús) que significa " Salvador." Estas incidencias claramente muestra la importancia de los nombres en el reino espiritual. Un nombre incorrecto puede dar nacimiento a una expresión inexacta de una persona o el propósito de una entidad.

Y así, Dios el Señor formó de la tierra todos los animales del campo, y todas las aves de los cielos, y se los llevó a Adán para ver qué nombre les pondría; y el nombre que Adán les puso a los animales con vida es el nombre que se les quedó.

Génesis 2:19

Me temo que muchos de los miembros del Cuerpo de Cristo realmente no respetan la "tecnología de nombres" tanto como Dios lo hace. Pero, la verdad es que esta antigua tecnología espiritual es el método que Dios usa para determinar la capacidad, la función y carácter de una cosa. Dios impartió esta tecnología de nombres a Adán. La Biblia dice que Dios trajo a todos los animales de la tierra a Adán, para ver como los iba a llamar o a nombrar. La Biblia nos dice que cualquiera que sea el nombre que Adán puso a cualquier animal, ese es el nombre con que se consagraría el propósito del animal, su potencial y naturaleza.

UN NOMBRE INCORRECTO PUEDE DAR NACIMIENTO A UNA EXPRESIÓN INEXACTA DE UNA PERSONA O EL PROPÓSITO DE UNA ENTIDAD.

Realmente creo que la tecnología de los nombres es una de las principales tecnologías espirituales que Dios utiliza, sobrenaturalmente ingeniar o reconfigurar la quebrantada genética, de los hijos e hijas de los hombres. En mi caso, por ejemplo, hace varios años Dios cambió mi apellido de "Mbepa" a "Myles". Inmediatamente después de este cambio de nombre sobrenatural, empecé a experimentar saltos cuánticos en el crecimiento de mi ministerio. Basta decir que algunas personas que desean liberarse de "las maldiciones generacionales" podrían necesitar un cambio total de nombre en el plano natural; pero Dios usa diferentes trazos para diferentes personas.

SECCIÓN DE APLICACIONES PARA LA VIDA

VERSO PARA MEMORIZAR

Y así, Dios el Señor formó de la tierra todos los animales del campo, y todas las aves de los cielos, y se los llevó a Adán para ver qué nombre les pondría; y el nombre que Adán les puso a los animales con vida es el nombre que se les quedó.

Génesis 2:19 KJV

REFLEXIONES

¿Qué es la Ingeniería genética?

_____

_____

_____

_____

_____

¿Qué es la tecnología de los nombres?

_____

_____

_____

_____

_____

_____

84

SU DIARIO PERSONAL
DE ESTE CAPÍTULO

CAPÍTULO
Nueve

EL ORDEN DE MELQUISEDEC

Cuando volvía de haber derrotado a Quedorlaomer y a los reyes que estaban con él, el rey de Sodoma salió a recibirlo al valle de Salén, que es el Valle del Rey. Entonces Melquisedec, que era rey de Salén y sacerdote del Dios Altísimo, sacó pan y vino y lo bendijo así: "Bendito seas, Abrán, del Dios Altísimo, creador de los cielos y de la tierra, y bendito sea el Dios Altísimo, que puso en tus manos a tus enemigos." Y le dio Abrán los diezmos de todo.

Génesis 14:17-20

Definiendo El Orden de Melquisedec:

En el pasaje de la escritura del libro de Isaías 51:1 -2, la Biblia nos ordena que volvamos nuestra mirada a Abraham. ¿Por qué Dios nos manda a mirar hacia Abraham? Esto es debido a que Dios establece un patrón profético para que nosotros imitemos a Abraham. Ya que somos de la simiente de Abraham, todo lo que concierne a Abraham nos afecta hoy en día. Moisés, el autor del libro del Génesis, nos cuenta el encuentro profético que Abraham tuvo con un rey y sacerdote eterno, quien vino del reino celestial. El sumo sacerdote era conocido como Melquisedec y presidia un orden eterno. El apóstol Pablo, el escritor del libro de Hebreos, tiene mucho que decir acerca del Orden de Melquisedec. Para obtener un profundo análisis de las ramificaciones de este orden eterno, por favor lea mi libro "El Orden de Melquisedec."

En virtud de este capítulo, haré todo lo posible para ofrecer una visión profética de la naturaleza, y el funcionamiento interno de este orden eterno. En primer lugar quiero comenzar por definir el Orden de Melquisedec. *¿Cuál es el Orden de Melquisedec?* Me alegro de que usted me pregunte. Existen varias definiciones del Orden de Melquisedec que he elaborado durante algunos años de estudio sobre este tema crucial. Rápidamente enlistaré a continuación, tres definiciones del Orden de Melquisedec, como el Espíritu Santo me las dio a mí:

- El Orden de Melquisedec es el eterno sacerdocio real de Jesucristo antes de que Él viniera a nuestro planeta a través del nacimiento virginal. (Salmos 110:1-4)

- El Orden de Melquisedec es Jesucristo encarnado y caminando entre nosotros. (Hebreos 5:5-10)

- El Orden de Melquisedec es una orden real espiritual eterna de reyes y sacerdotes. Estos reyes y sacerdotes tienen tanto derechos de pacto como de custodia para promover y enseñar el evangelio del Reino, hasta que los reinos de este mundo se hayan convertido al Reino de Dios y de su Cristo. (Revelation 11:15)

Podemos ver claramente en las definiciones anteriores que este eterno orden que interceptó a Abraham en el Valle de los Reyes en el libro del Génesis no es una simple agencia terrenal. El sumo sacerdote de este eterno orden tampoco era un hombre ordinario. Si confesamos que somos la simiente de Abraham, y que Cristo murió para que la bendición de Abraham fuese sobre los Gentiles, entonces tenemos que redescubrir el día de hoy las consecuencias del Orden de Melquisedec. Al observar estas definiciones, es claro que cada nacido de nuevo, temeroso hijo de Dios es miembro del Orden de Melquisedec, lo sepan o no.

DIOS ESTABLECE UN PATRÓN PROFÉTICO PARA QUE NOSOTROS IMITEMOS A ABRAHAM. YA QUE SOMOS DE LA SIMIENTE DE ABRAHAM, TODO LO QUE CONCIERNE A ABRAHAM NOS AFECTA HOY EN DÍA.

Pero quiero ir más al fondo en la definición del *Orden de Melquisedec*, desglosando la frase *"El Orden de Melquisedec."* Como se puede ver, esta frase se compone de dos palabras muy poderosas. Uno de ellas es una palabra tomada de la lengua inglesa, y la otra es una palabra que nació de la antigua lengua hebrea. La primera parte de esta frase es la palabra "orden." ¿Qué es orden? De acuerdo con el diccionario Webster "Orden" se define de la siguiente manera; *"El orden es una condición en la que cada cosa esta dispuesta apropiadamente con referencia a otras cosas y a su finalidad; en un arreglo metódico o armonioso." La palabra orden se define también como "la conformidad u obediencia a la ley, o a una autoridad establecida".*

Mi coanfitrión de nuestro TV talk show *"El Reino en el Ámbito de los Negocios"* (en uno de nuestros programas), me pregunto algo muy importante que necesita ser respondido. Él me preguntó, "Dr. Myles ¿por qué es el Orden de Melquisedec un orden?" Esta fue mi respuesta; le dije que el Orden de Melquisedec es un orden eterno porque Dios siempre establece un orden que rige cualquier cosa que él ha creado. Este principio establece la premisa para la Ley de Orden Divino. Las definiciones anteriores son muy reveladoras, estas desenmascaran porqué el Orden de Melquisedec es un eterno orden, antes de que sea otra cosa. Es un orden eterno, que rige todo lo que Dios creó en la naturaleza, incluyendo a los ángeles caídos y el ADN del hombre. Esta es la razón por la que el diablo y su coalición de demonios están tan aterrorizados que la iglesia mundial redescubra el Orden de Melquisedec.

Ahora vamos a diseccionar la segunda palabra hebrea en la frase *"El Orden de Melquisedec,"* La palabra " Melquisedec" es una antigua palabra hebrea compuesta de dos potentes palabras arameas. La primera palabra "Melchi o Melek" significa "Rey" y "Zedek o Sadoc" significa "rectitud" o "sacerdote." El Orden de Melquisedec, por lo tanto es un orden eterno regido por un justo Rey-Sacerdote (Jesús) que tiene completa autoridad sobre todo lo creado por Dios. Por lo tanto, todo en la creación está bien dispuesto a otras cosas en referencia al propósito de Dios. A un nivel genético, el Orden de Melquisedec (el sacerdocio de Jesucristo), causara que cada cadena del ADN este adecuadamente dispuesta con cada una, en referencia al propósito de Dios para nuestras vidas.

¿Por qué necesitamos el Orden de Melquisedec?

Cuando volvía de haber derrotado a Quedorlaomer y a los reyes que estaban con él, el rey de Sodoma salió a recibirlo al valle de Salén, que es el Valle del Rey. Entonces Melquisedec, que era rey de Salén y sacerdote del Dios Altísimo, sacó pan y vino y lo bendijo así: "Bendito seas, Abrán, del Dios Altísimo, creador de los cielos y de la tierra, y bendito sea el Dios Altísimo, que puso en tus manos a tus enemigos." Y le dio Abrán los diezmos de todo. Entonces el rey de Sodoma le dijo a Abrán: "Dame las personas, y quédate con los bienes." Pero Abrán le respondió al rey de Sodoma: "He levantado mi mano al Señor, Dios Altísimo, creador de los cielos y de la tierra, para jurar que no tomaré nada de lo que es tuyo, ni siquiera un hilo ni una correa de calzado, para que no digas: "Yo enriquecí a Abrán".

Génesis 14:17-23

En este pasaje, vamos a buscar rápidamente por qué necesitamos el Orden de Melquisedec en forma de viñetas:

- Necesitamos el Orden de Melquisedec para introducirnos al eterno Rey-Sacerdote, quien está sobre el Reino al cual estamos llamados a representar.

- Necesitamos el Orden de Melquisedec para introducirnos a un "Pacto de vida" con Dios.

- Para transformar nuestra "promesa" de fe en una "promesa de Pacto".

- Necesitamos el Orden de Melquisedec para introducirnos al "pan de la liberación" y "al vino de la Revelación".

- Necesitamos el Orden de Melquisedec para "Interceptar" "al rey de Sodoma" que está atacando, comprometiendo y destruyendo la Iglesia en el ámbito de los negocios.

- Necesitamos el Orden de Melquisedec para "purificar y santificar " las "Vías de ingresos" de la Iglesia.

- Necesitamos el Orden de Melquisedec para "cerrar" los motores de la codicia que "están comprometiendo" a los ciudadanos del Reino en el ámbito de los negocios.

- Necesitamos el Orden de Melquisedec para ayudar a los ciudadanos del Reino (la simiente de Abraham) a liberarse de todas las maldiciones generacionales y anomalías genéticas.

- Necesitamos el Orden de Melquisedec para que nos dé la "gracia" para "vivir por encima" de la "perversidad" de nuestra generación.

- Necesitamos el Orden de Melquisedec para introducirnos (el Cuerpo de Cristo) en el " Reino Real de la Riqueza."

- Necesitamos el Orden de Melquisedec para dar a los "líderes" en la "Iglesia" y el "ámbito de los negocios" un "corazón" por la segunda generación.

El Rey David Descubre El Orden de Melquisedec

Palabra del Señor a mi señor: "Siéntate a mi derecha, hasta que yo ponga a tus enemigos por estrado de tus pies." Desde Sión el Señor extenderá tu cetro real, para que domines a todos tus enemigos. En el día de tu Victoria tu ejército se te entregará por completo, sobre los montes santos. Al despertar la aurora, tu juventud se fortalecerá con el rocío. El Señor lo ha prometido, y no va a cambiar de parecer: "Tú eres sacerdote para siempre, según el Orden de Melquisedec."

Salmos 110:1-4

Como el Rey David continuaba la búsqueda de una más excelente manera de acercarse a la presencia de Dios, algo sobrenatural ocurrió. Durante una de sus "devociones de deseo eterno ", Dios abrió un portal a través de los cielos. David se encontró en los cielos, en medio de una conversación muy importante entre la Divinidad. Esta conversación divina era entre Dios el Padre y Dios el Hijo. La revelación iba a contestar en profundidad el deseo de David para acercarse a la presencia de Dios, sin el temor del castigo divino. En resumen, esto fue lo que el rey David oyó durante el encuentro divino. *"Siéntate a mi derecha, hasta que yo ponga a tus enemigos por estrado de tus pies." Desde Sión el Señor extenderá tu cetro real, para que domines a todos tus enemigos. En el día de tu Victoria tu ejército se te entregará por completo, sobre los montes santos. Al despertar la aurora, tu juventud se fortalecerá con el rocío. El Señor lo ha prometido, y no va a cambiar de parecer: "Tú eres sacerdote para siempre, según el Orden de Melquisedec." Salmos 110:1-4.* Como luz de la linterna de Dios inundó el alma de David con esta revelación, las implicaciones espirituales de largo alcance de lo que Dios le había mostrado comenzaron a profundizarse en el.

Para sorpresa de David, la divina conversación dentro de la Divinidad estaba centrada en un sacerdocio celestial, un sacerdocio que no estaba funcionando en su capacidad oficial dentro de la nación de Israel. Desde el día de su nacimiento, David había vivido bajo la influencia espiritual del orden sacerdotal Levítico. Además, David sabía que desde que no nació como un Levita, fue excluido del Pacto de Leví. El sabía que sin importar cuánto amara a Dios, él nunca podría estar tan cerca de la presencia de Dios, que él tanto ansiaba. Él sabía que, de conformidad con el sacerdocio Levítico, la pena por tocar el arca de Dios al que no fuera Levita era la muerte instantánea. Esta regla no encajaba bien con David. Su único deseo era tocar a Dios en una forma muy significativa.

EL ORDEN DE MELQUISEDEC POR LO TANTO ES UN ORDEN ETERNO REGIDO POR UN JUSTO REY-SACERDOTE (JESÚS) QUE TIENE COMPLETA AUTORIDAD SOBRE TODO LO CREADO POR DIOS.

Cuanto más escuchaba David la conversación divina, más emocionado se ponía. Se dio cuenta rápidamente que el impulsado deseo de Dios es de ser tocado por su pueblo. Él anhela vivir entre ellos. David comprendió que por divina providencia el acababa de descubrir el Orden sacerdotal más poderoso de la creación. Este sacerdocio opera desde adentro de los reinos de la eternidad. David pudo ver claramente que, en virtud de esta Orden sacerdotal de Melquisedec, Cristo era el eterno Sumo Sacerdote. También observó que no había ningún velo de restricción entre Dios y Su pueblo en este sacerdocio real. David también se dio cuenta de que bajo este Orden sacerdotal, cada uno de los hijos de Dios, podrían oír la voz de Dios, así como también caminar en su divino poder, y en la belleza de la santidad.

El Tratado Apologético de Pablo Sobre El Orden de Melquisedec

Aunque era Hijo, aprendió a obedecer mediante el sufrimiento; y una vez que alcanzó la perfección, llegó a ser el autor de la salvación eterna para todos los que le obedecen, y Dios lo declaró sumo sacerdote, según el Orden de Melquisedec. Acerca de esto tenemos mucho que decir, aunque no es fácil explicarlo porque ustedes son lentos para entender. Aunque después de tanto tiempo ya debieran ser maestros, todavía es necesario que se les vuelva a enseñar lo más elemental de las palabras de Dios. Esto es tan así que lo que necesitan es leche, y no alimento sólido.

Hebreos 5:8-12

De los apóstoles posteriores al Calvario de Jesucristo, ninguno es tan importante como el apóstol Pablo en el marco de la economía del reino de Dios. Hay tres personajes históricos: Abraham, David y Pablo, a quienes Dios usa para revelar el Orden de Melquisedec. Sin embargo, al apóstol Pablo le fue dada una más profunda comprensión de este eterno sacerdocio real dirigido por el Señor Jesucristo. En su escrito a sus hermanos Hebreos, Pablo escribió uno de los más poderosos discursos apologéticos sobre el Orden de Melquisedec. El principal objetivo de Pablo al escribir la carta a los Hebreos fue de mostrar a sus compañeros judíos creyentes la absoluta superioridad del

Orden de Melquisedec, sobre el sacerdocio Levítico del Antiguo Testamento. Además, quiso mostrar el impacto permanente de este real sacerdocio en los creyentes del Nuevo Testamento.

Por suerte, para nosotros, la carta de Pablo a los Hebreos contiene el antídoto para romper el fenómeno conocido como las maldiciones generacionales, así como un antídoto para la curación de todos los tipos de anomalías genéticas. En Hebreos, capítulo 5, el apóstol Pablo censuro a algunos de los creyentes (a los que estaba escribiendo), diciéndoles que tenía muchas cosas que decirles al respecto de la naturaleza y el funcionamiento interno del Orden de Melquisedec, pero que a ellos ya no les interesaba oír la Palabra. El apóstol Pablo dijo a algunas personas, dentro de la audiencia hebrea, que se habían convertido en los bebés que necesitan leche espiritual, en lugar de la carne de la Palabra de Dios. Pablo expone la represión de porqué muchos miembros del Cuerpo de Cristo no están experimentando el Orden de Melquisedec en su máxima potencia. El Orden de Melquisedec, seguirá siendo un misterio para los miembros del Cuerpo de Cristo que son adictos a la leche espiritual, y no tienen el deseo de presionar a las profundidades de Dios. Sin embargo, las respuestas a muchos de los problemas de la Iglesia dependen de nuestra capacidad para entender el funcionamiento interno de este orden eterno.

La Genealogía Sin Rastro

Este Melquisedec, que era rey de Salén y sacerdote del Dios Altísimo, salió al encuentro de Abrahán cuando éste volvía de derrotar a los reyes, y lo bendijo. Entonces Abrahán le dio los diezmos de todo. Melquisedec significa, en primer lugar, "Rey de justicia", y también "Rey de Salén", que significa "Rey de paz". Nada se sabe de su padre ni de su madre, ni sus antepasados, ni si tuvo principio ni fin; pero, a semejanza del Hijo de Dios, permanece como sacerdote eterno.

Hebreos 7:1-3

Los primeros tres versículos del capítulo siete de Hebreos, contienen la nomenclatura para el más potente antídoto espiritual, contra el cáncer de iniquidad generacional. Los dos primeros versículos enfocan nuestra atención en la talla y sublimidad espiritual de este eterno Rey-Sacerdote, que interceptó a Abraham en el Valle de los Reyes (Save) en Génesis 14. El escritor del libro de Hebreos es rotundamente claro que el Melquisedec que interceptó a Abraham:

- Era un sacerdote del Dios Altísimo

- Llevaba la bendición de Dios en sus manos

- Era el Rey de justicia

- Era el rey de Paz

Usted no tiene que ser un genio, o un astuto teólogo, para llegar a la conclusión evidente de que ningun ser humano tiene el derecho de usar la descripción anterior, más que el Señor Jesucristo. El Melquisedec, que conoció a Abraham en el Valle de Save, era realmente una aparición pre encarnada de Cristo. Pero, es lo que el apóstol Pablo nos habla de este hombre y de su eterno Orden sacerdotal en Hebreos 7:3 que contiene el más potente antídoto para la curación de todos los tipos de anomalías generacionales y genéticas. Esto es lo que el apóstol Pablo nos dice de este hombre divino:

- Él no tiene padre o madre

- Él no tiene ningún rastro de genealogía

- Él no tiene principio de días, ni fin de vida

- Su sacerdocio es eterno

Es evidente que en la epístola a los Hebreos 7:3, que el Apóstol Pablo, (quien fue el principal guardián de la revelación "en Cristo"), no se refiere a Jesús (Yeshua), sino a Cristo. El nombre de Jesucristo es la más poderosa tecnología espiritual en la tierra que sostiene la metodología divina de cómo Dios puede aparecer en la carne. En mi libro El Orden de Melquisedec hablo sobre la dicotomía de Jesucristo, que se basa en Isaías 9:6. Isaías 9:6 nos dice que "Jesús" (Yeshua) fue el "Niño nacido" y que "Cristo" era el "hijo" que fue dado. Jesús (Yeshua) se refiere al Salvador de nuestra humanidad mientras que "Cristo" se refiere a nuestra salvación divina. En su divinidad como la Palabra Viva, "Cristo" no tiene ningún padre o madre. Él no tiene ningún rastro de genealogía, y ciertamente no tiene principio de días, ni fin de vida. En su divinidad, Él es también un eterno Sumo Sacerdote según el Orden de Melquisedec.

EL MELQUISEDEC, QUE CONOCIÓ A ABRAHAM EN EL VALLE DE SAVE, ERA REALMENTE UNA APARICIÓN PRE ENCARNADA DE CRISTO.

Puesto que Cristo no tiene genealogía terrenal, nuestro matrimonio con él nos ofrece la mejor plataforma para aniquilar las maldiciones generacionales que estaban conectadas a nuestro árbol genealógico. La institución del matrimonio se basa en derecho de sucesiones. Cuando una mujer se casa, tanto su estado como su herencia cambian. Este cambio en la herencia está constituido por el cambio de su nombre de soltera al nuevo de su marido. Si esto es cierto en lo natural, también es verdad en lo espiritual. Como la Novia de Cristo, nuestro matrimonio con él constituye la base jurídica para la revisión completa de todas las maldiciones generacionales contra nosotros.

Denunciando Nuestro Linaje Natural Por El Linaje de Jesús

Este Melquisedec, que era rey de Salén y sacerdote del Dios Altísimo, salió al encuentro de Abrahán cuando éste volvía de derrotar a los reyes, y lo bendijo. Entonces Abrahán le dio los diezmos de todo. Melquisedec significa, en primer lugar, "Rey de justicia", y también "Rey de Salén", que significa "Rey de paz". Nada se sabe de su padre ni de su madre, ni de sus antepasados, ni si tuvo principio ni fin; pero, a semejanza del Hijo de Dios, permanece como sacerdote eterno.

Hebreos 7:1-3

Una vez que hemos tomado conciencia a lo que Cristo nos ha dado acceso por medio del sacerdocio de Melquisedec debemos de tomar un salto de fe en nuestra herencia. Este último salto de fe implica nuestra voluntad de denunciar nuestra lealtad a nuestro linaje o descendencia natural. Cuando una mujer se casa, uno de los cambios inmediatos que ocurren en su vida es que ella renuncia a su nombre de soltera para abrazar el apellido del marido. Por ejemplo, si una mujer se llamaba Mary Jones cuando era soltera y, a continuación, ella termina casándose con Thomas Jackson, su nuevo nombre será "Mary Jackson." Su nombre simboliza el hecho de que ella ha heredado el linaje de su marido.

Pero supongamos que Mary Jones se niega a tomar el nombre de su marido después de su matrimonio, ¿qué mensaje le esta ella enviando a su desconcertado esposo? El mensaje es fuerte y claro. Mary Jones no tiene el deseo de estar conectada al linaje su marido. Con esta acción, Mary Jones también se deshereda a si misma de los beneficios de ser parte del linaje de su marido. El Espíritu Santo me dijo que esto es exactamente lo que el cuerpo de Cristo ha estado haciendo, en el que celebramos nuestro linaje natural a expensas de lo que somos en Cristo.

Cada vez que estoy sosteniendo un servicio de liberación para los miembros del cuerpo de Cristo que desean ser libertados de la tiranía de las maldiciones generacionales, los guio a través de una oración de renunciación. En esta oración de renuncia, ellos voluntariamente y con alegría renuncian a la lealtad a su linaje natural a favor del incorruptible y profético linaje de Cristo. Cuando la gente con mucho gusto y alegría hace esto, hemos visto algunos sorprendentes milagros pasar. En el siguiente capítulo examinaremos cuidadosamente el ritual de renunciar a la lealtad a su linaje a favor del linaje de Jesús.

SECCIÓN DE APLICACIONES PARA LA VIDA

VERSO PARA MEMORIZAR

Cuando volvía de haber derrotado a Quedorlaomer y a los reyes que estaban con él, el rey de Sodoma salió a recibirlo al valle de Salén, que es el Valle del Rey. Entonces Melquisedec, que era rey de Salén y sacerdote del Dios Altísimo, sacó pan y vino y lo bendijo así: "Bendito seas, Abrán, del Dios Altísimo, creador de los cielos y de la tierra, y bendito sea el Dios Altísimo, que puso en tus manos a tus enemigos." Y le dio Abrán los diezmos de todo.

Génesis 14:17-20

REFLEXIONES

¿Qué es el Orden de Melquisedec?

_____

_____

_____

_____

_____

¿Cómo es que el Orden de Melquisedec facilita nuestra liberación de maldiciones generacionales?

_____

_____

_____

_____

_____

97

SU PENSAMIENTO DIARIO EN ESTE CAPÍTULO

Diez

LA SANGRE CLAMA

E l hecho ocurrió en 1995 en un municipio negro llamado Mamelodi a las afueras de Pretoria, Sudáfrica. Me ha pedido un maestro de escuela, convertido en Pastor, el señor Cirilo Dhlamini, que venga a dirigir una cruzada de sanidad en uno de los auditorios municipales. El auditorio estaba lleno de los sudafricanos negros. A la mitad de mi sermón, la gloria de Dios descendió sobre el colmado auditorio. Santo pandemónium estalló cuando el Espíritu Santo comenzó a sanar a las personas. De repente, una explosiva "palabra de sabiduría" se acrecentó muchísimo dentro de mí. Antes de que yo pudiera parar, empecé declarar que lo que estaba escuchando. "Hay una mujer aquí, que acaba de ver una visión abierta de Jesucristo. Él está cargando un tazón de sangre. Le veo, derramarla sobre su cabeza. Dice el Señor, usted es libre, ahora mismo. ¿En dónde está esa persona?" le pregunté.

Había unos murmullos en la multitud, así como el Espíritu Santo continuaba moviéndose en sanidades. De repente, una mujer negra mayor de edad (probablemente en sus sesenta) corrió hacia el frente desde la parte trasera gritando a todo pulmón. En primer lugar, pensé que era una mujer loca tratando de atacarme porque dije algo que la ofendió. Pero cuando llegó al frente, ella me arrebató el micrófono y empezó a contar su testimonio. Para el momento en el que ella había terminado su testimonio, había más santo pandemónium en la reunión. Esta mujer mayor nos dijo que había traído con ella a su sobrina de veinte y ocho años de edad, quien estaba demente desde los dieciocho años de edad. Durante los diez años de su locura, nunca había hablado ninguna cosa inteligente. Le dijo a la multitud atónita que cuando su Pastor anunció que un hombre con un ministerio de milagros venía, ella decidió traer a su sobrina a la reunión. Este es el motivo por el que ella se sentó en la parte trasera del auditorio. Pero cuando di la palabra de sabiduría algo muy sobrenatural ocurrió. La mujer mentalmente enferma vio a Jesús venir delante de ella, con un tazón de sangre en sus manos. Ella le dijo a su desconcertada, pero igualmente feliz tía, que Jesús le sonrió a ella y, a continuación, vertió el tazón de sangre sobre su cabeza. Después le dijo: "Hija, eres libre!" inmediatamente su conciencia regreso a su mente. Se volvió hacia su tía, y empezó a hablar con ella inteligentemente y le contó cómo era Jesús en su visión profética.

El Cáncer Terminal En La Casa de Dios

Después de que las luces del auditorio se apagaron, y las multitudes se dispersaron, fui capturado por el increíble poder de la sangre de Jesucristo! Por desgracia, un diseño demoníaco como un cáncer maligno se propaga en el Cuerpo de Cristo como fuego salvaje. Este tipo de cáncer es un diseño demoníaco que "desprecia" la sangre de Cristo. Algunos pastores de mega iglesias en América no predican más sobre la "sangre de Jesús" porque sienten que hace el Evangelio muy sangriento. Esta tendencia demoníaca parece haberse introducido también en gran parte de la música cristiana que se produce hoy. Muchas de las letras de las canciones más contemporáneas no mencionan la sangre del todo, como muchos de los antiguos himnos. Usted no tiene que ser un genio para descubrir por qué tantas iglesias son "tierras baldías" cuando se trata de lo sobrenatural. Pero este triste estado de las cosas funciona igual de bien para el diablo y sus secuaces demoníacos que están aterrados de la "frecuencia de sonido" que se genera en atmósferas espirituales donde la "preciosa sangre" de Cristo se mantiene en gran estima.

La Sangre Tiene Una Voz

La mayoría de seguidores de Cristo no saben que ahora es un hecho científico que la sangre contiene una frecuencia de sonido. Esto no debería sorprender al más ardiente de los estudiantes de la Palabra, porque la Biblia es clara en el relato del Génesis (Génesis 1:4) que todas las "formas de vida" fueron creadas por un sonido "diferente" generadas en una atmósfera cargada de gloria. El "sonido" era la palabra hablada por Dios! Esta frecuencia de sonido que Dios inyectó en toda la creación es lo que le dio a la sangre su distintiva "voz." Cualquier cosa con la habilidad de tener "voz" es capaz de hablar o pronunciar. El diccionario Thesaurus define "la voz" como un sonido similar o que sugiere elocución vocal! Ante de que los avances de la ciencia moderna alcanzaran a los de la Biblia, la siguiente escritura parece inverosímil.

Y el Señor le dijo: "¿Qué es lo que has hecho? Desde la tierra, la voz de la sangre de tu hermano me pide que le haga justicia. Ahora, pues, ¡maldito serás por parte de la tierra, que abrió su boca para recibir de tus manos la sangre de tu hermano! Cuando labres la tierra, no te volverá a dar su fuerza. Y andarás por la tierra errante y extranjero."

Génesis 4:10-12

Cuando se encontraba en un ataque de celos, Caín mató a su hermano Abel; era la voz de la sangre de Abel que llevó el grito de venganza hacia el trono de Dios. La frecuencia de sonido, que se emite desde la sangre de Abel el justo, era muy desfavorable para Caín y su posteridad. No era un clamor a favor de Caín, sino para su total destrucción. Si la sangre de Abel el justo estaba gritando en busca de venganza contra Caín, el diablo tenía más que suficiente fundamento jurídico para visitar con destrucción el árbol genealógico de Caín. En mi opinión, el pasaje de la Escritura es una de las principales manifestaciones del fenómeno conocido como "Maldiciones Generacionales".

Ahogándose En Sangre Contaminada

"Yo pasé junto a ti y, al verte tan sucia y llena de sangre, te dije: '¡Estás viva!' Sí, todavía estabas llena de sangre cuando volví a decirte: '¡Estás viva!'"

Ezequiel 16:6

Quizá no hay un pasaje de la Escritura que representa el motivo principal por el que el Señor me ordenara escribir este libro "Rompiendo Maldiciones Generacionales bajo el Orden de Melquisedec" como Ezequiel 16:6. El pasaje describe con gran viveza el triste estado de asuntos que son inherentes a todos los linajes generados a partir del primer Adán. Desde la caída de Adán y Eva, su puro linaje y la perfecta secuencia genética fueron dañados más allá del punto de reparación. Sin encontrar a un Salvador capaz de restaurar el linaje y la perfecta secuencia genética aquí en la tierra, la humanidad se revuelcan como un cerdo en su propio banco de genes dañados para siempre.

Ezequiel 16:6 es una imagen profética de Jesús llegando a la raza humana, mientras se estaba ahogando en su propia sangre contaminada. ¿Cómo puede una persona ahogarse en su propia sangre? El Señor me mostró que, a causa de la caída del hombre no hay ningún árbol genealógico sano aquí en la tierra que los hombres pudieran aferrarse para frenar la ola de "maldad generacional" transmitida por los antepasados. He hablado y orado con bien intencionados cristianos que en realidad se estaban ahogando en las iniquidades adheridas a su árbol genealógico que les siguen robando de ganar vida alterando las oportunidades. Pero estos mismos creyentes experimentaron cambios dramáticos después de que oré con ellos en el tema de romper las maldiciones generacionales. Este libro contiene la tecnología espiritual para liberarse de las maldiciones generacionales, de una vez por todas. Jesús quiere detenerte de ahogarte en tu propia sangre. El quiere decirte, "Vive en tu propia sangre!" ¿Cómo va a hacer esto Jesús? Dándole una transfusión sobrenatural de sangre y desligándole del corrupto linaje natural de sus antepasados. El podrá detener su ahogamiento sobreponiendo Su santo y profético linaje sobre el de sus antepasados.

La Sangre de Jesús Habla

A Jesús, el Mediador del nuevo pacto, y a la sangre rociada que habla mejor que la de Abel.

Hebreos 12:24

Según el autor del libro de Hebreos, la voz o sonido predominante en el monte de Sión es la voz de la preciosa sangre de Jesucristo. Cuando su insidioso y envidioso hermano Caín asesinó al justo de Abel, el derramamiento de su sangre inmediatamente comenzó a gritar en busca de venganza. La corte de Dios fue bombardeada por el clamor de justicia de la sangre de Abel que había entrado en el suelo. Por lo tanto, Dios se acercó desafiante a Caín en el juicio. El juicio de Dios que vino a Caín con el fin de ejecutar la justicia fue la excomunión de Caín ante la presencia de Dios. La maldición de convertirse en un vagabundo aquí en la tierra también cayó sobre él.

Adelantándose en el tiempo. Cuatro mil años más tarde, el Padre celestial envió a Su Hijo unigénito (Jesús) nació de una mujer bajo la ley, para redimir a la humanidad (Gálatas 4). Cuando Jesucristo supo que su hora de morir por los pecados de toda la humanidad había llegado, puso su rostro como un pedernal hacia Jerusalén. Durante la hora de su pasión, el empezó derramando Su sangre desde el Huerto de Getsemaní hasta la cruz. Cuando un soldado romano le atravesó el costado (costilla), sangre y agua salieron de él. Por lo tanto, su esposa, la Iglesia, nació por medio del poder de la preciosa sangre y agua.

Cuando Jesús resucitó de entre los muertos, su primera tarea fue tomar su "sangre derramada " a la sala del trono del Padre celestial. Cuando entró en el lugar santísimo celestial como el Sumo Sacerdote Levítico en el Antiguo Testamento, fue con su preciosa sangre. La sangre fue derramada sobre el trono de Dios transformándolo inmediatamente en el "trono de la gracia." Desde entonces, la sangre de Jesús ha estado "hablando de cosas mejores que la sangre de Abel. En vez de llorar por venganza, la preciosa sangre de Cristo llora por misericordia, sanidad, salvación, perdón y restauración. "Rompiendo Maldiciones Generacionales bajo el Orden de Melquisedec" es un libro sobre apropiación de los "beneficios" de la salvación genética en la vida del creyente. La sangre de Jesucristo fue derramada no sólo para limpiarnos de nuestros pecados, sino para también darnos acceso a un nuevo y superior sacerdocio.

SECCIÓN DE APLICACIONES PARA LA VIDA

VERSO PARA MEMORIZAR

"Yo pasé junto a ti y, al verte tan sucia y llena de sangre, te dije: '¡Estás viva!' Sí, todavía estabas llena de sangre cuando volví a decirte: '¡Estás viva!'

Ezequiel 16:6

REFLEXIONES

¿Qué significa la declaración: "Su sangre tiene voz"?

_____

_____

_____

_____

_____

¿Cómo habla la sangre de Jesús?

_____

_____

_____

_____

_____

SU DIARIO PERSONAL
DE ESTE CAPÍTULO

CÓMO RETIRAR LAS MALDICIONES GENERACIONALES PERMANENTEMENTE

Aunque también yo tengo de qué confiar en la carne. Si alguno piensa que tiene de qué confiar en la carne, yo más: Fui circuncidado al octavo día, y soy del linaje de Israel, de la tribu de Benjamín; soy hebreo de hebreos y, en cuanto a la ley, fariseo; en cuanto a celo, perseguidor de la iglesia; en cuanto a la justicia que se basa en la ley, irreprensible. Pero todo lo que para mí era ganancia, lo he estimado como pérdida, por amor de Cristo. Y a decir verdad, incluso estimo todo como pérdida por la excelencia del conocimiento de Cristo Jesús, mi Señor. Por su amor lo he perdido todo, y lo veo como basura, para ganar a Cristo.

Filipenses 3:4-8

En el curso de este escrito, he dicho que el objetivo principal de escribir este libro fue para ayudar a que el cuerpo de Cristo pueda acceder a una *tecnología espiritual más elevada para romper las maldiciones generacionales, y la inversión de anomalías genéticas permanentemente.* Me alegro de que por fin hayamos llegado al punto en que le puedo contar lo que el Espíritu Santo me mostró. Yo no le conozco, pero a mí no me gusta ir al mismo doctor por el mismo padecimiento todos los días de mi vida. Si un médico sabe realmente lo que está haciendo, debe ser capaz de llegar a una solución permanente de lo que aqueja a sus pacientes. Jesucristo es, en gran medida, el mejor médico de la historia de la humanidad. Esto es porque la Biblia nos dice que todas las cosas fueron creadas por él y para él.

En Filipenses 3:4-8 el Apóstol Pablo abre una ventana hacia cómo los ciudadanos del Reino, los creyentes "nacidos de nuevo" pueden liberarse de las tecnologías demoniacas que se adjuntan a sus linajes naturales o árboles genealógicos. En este mismo pasaje de la Escritura, también el apóstol Pablo nos da una definición muy eficaz de *"la carne."* La definición de Pablo, de "la carne", es muy diferente a lo que la mayoría de nosotros consideraría *"carne."* La mayoría de los creyentes confunden las obras de la carne, que Pablo enumera en el quinto libro de la epístola a los Gálatas con *"la carne."* Pero, según Filipenses 3:4-8, *"la carne" y "las obras de la carne" no son las mismas.*

"Las obras de la carne" son como el fruto de un árbol, mientras que "la carne" es la raíz del árbol. Un querido amigo mío me dijo una vez: *"Si cambias la raíz, cambias el fruto."* Esto significa que usted no puede cambiar el fruto de cualquier árbol, sin estar dispuesto a cambiar la raíz. Esto es porque la vida de cualquier árbol se encuentra en su sistema radicular. Armado con este conocimiento, examinemos ahora Filipenses 3:4 y descubramos el verdadero significado de *la carne.* El apóstol Pablo comienza presentando este pasaje diciendo que si un hombre sintiera tener confianza en la carne, no estaba a su altura.

El Apóstol Pablo, a continuación, enumera las siguientes cosas que considera carne:

- Su orgullo de ser circuncidado al octavo día, (esto representa orgullo religioso)

- Su orgullo, por el hecho de ser del pueblo de Israel, (esto representa el orgullo nacionalista)

- Su orgullo de ser de la tribu de Benjamín, (esto representa orgullo tribal)

- Su orgullo de ser un hebreo de hebreos; (esto representa tradición familiar)

- Su fervor religioso según la ley, un Fariseo; (esto representa el orgullo de condición social)

- De celo, persiguiendo a la iglesia; (esto representa fervor religioso sin conocimiento)

- Tocar la justicia según la ley, irreprensible; (esto representa la

108

hipocresía)

Quiero que observe todo lo que el apóstol Pablo enlista arriba como las cosas que la mayoría de los creyentes (incluidos los líderes espirituales) luchan por mantener. Por ejemplo, el orgullo ser un Bautista, o un Carismático creyente a expensas de lo que usted es en Cristo, es un ejemplo de orgullo religioso. El Apóstol Pablo llama a tales cosas el orgullo religioso "carnal." Cuando yo vivía en África, hablaba con muchos hermanos en Cristo que estaban más orgullosos de la tribu en donde nacieron que en ser una nueva creación. Cuando me mudé de Zambia a Sudáfrica, en 1994, me había conducido a una nación de personas que estaban profundamente divididas sobre los problemas raciales. En esa nación, muchos adoraban a sus razas o castas y estaban dispuestos a matar a la otra raza o casta para demostrar su punto.

En Sudáfrica este diseño demoníaco de lucha de orgullo nacional o pedigrí, era también muy prevaleciente en la iglesia. Incluso entre los propios blancos, existía una profunda división racial. La división más notable era entre la población blanca (Caucásicos) de Inglaterra y los blancos (Afrikáners) que eran de descendencia Holandesa. Estas divisiones, sobre pedigrí, estaban tan arraigadas en la conciencia de la nación que afectaban profundamente la iglesia. Por ejemplo, si usted era un creyente nacido de nuevo de habla inglesa (y usted pasó a visitar una iglesia cristiana que era dirigida por un pastor que predica en Afrikaans), él nunca le hablaría en inglés, aunque él pudiera.

> JESUCRISTO ES, EN GRAN MEDIDA, EL MEJOR MÉDICO
> DE LA HISTORIA DE LA HUMANIDAD.

Todo lo que el apóstol Pablo enumera en Filipenses 3:4-8, ha sido a lo largo de la historia lo que ha llevado a muchas de las guerras y diferencias culturales en el transcurso de los siglos. Pero, no nos es posible ser libertados permanentemente de las maldiciones generacionales y las anomalías genéticas, si estamos muy orgullosos de lo que somos en lo natural aparte de lo que somos en Cristo. Todo lo que el apóstol Pablo enumera en Filipenses 3:4 está disponible para todo ser humano aparte de Cristo. En otras palabras, usted no desea ser en Cristo lo que ya es en lo natural. Y, sin embargo, si no contamos "como pérdida" todo lo que éramos antes de que Dios nos pusiera en Cristo, nunca podremos encontrar la completa libertad que buscamos. No lograremos una continua y permanente libertad de maldiciones generacionales y anomalías genéticas si no dejamos de rendir culto a lo que somos en lo natural. Francamente, la entrega de nuestra lealtad a nuestros dañados y comprometidos linajes genéticos para abrazar a Cristo, debería de ser una elección fácil.

Escondiéndose Detrás Del Árbol Genealógico

En ese instante se les abrieron los ojos a los dos, y se dieron cuenta de que estaban desnudos; entonces tejieron hojas de higuera y se cubrieron con ellas. El hombre y su mujer oyeron la voz de Dios el Señor, que iba y venía por el huerto, con el viento del día; entonces corrieron a esconderse entre los árboles del huerto, para huir de la presencia de Dios el Señor. Pero Dios el Señor llamó al hombre y le dijo: "¿Dónde andas?"

Génesis 3:7-9

Desde la caída de Adán y Eva en el Jardín del Edén, Dios continúa su búsqueda de sus hijos perdidos que se esconden detrás de su árbol genealógico. Una vez, vi una película en la que un hombre casado, que estaba profundamente enamorado de su esposa y sus hijos, tuvo un terrible accidente. El perdió su billetera durante el accidente, por lo que no hubo manera de saber quién era él. Por lo tanto, la policía y los paramédicos no pudieron encontrar a su verdadera familia. Así que en el hospital, lo llamaron el Sr. Desconocido. Cuando salió de su coma, los médicos rápidamente se dieron cuenta de que tenía amnesia y una pérdida total de la memoria. No podía recordar a su encantadora esposa o hijos del todo.

Mientras estaba en el hospital una enfermera hizo amistad con él. En el proceso de cuidarlo hasta recuperar su salud, ellos se enamoraron. Cuando el salió del hospital, se mudo a la casa con ella. En el ínterin, la esposa y los hijos del hombre habían sacado un informe de persona desaparecida en el estado original de residencia. Cuando la policía de su estado natal lo localizó, les informaron a su esposa y sus hijos las buenas noticias. La esposa del hombre y sus niños estaban muy felices. Estaban tan contentos de que no estuviera muerto. Según cuenta la historia la esposa de este hombre voló a la ciudad donde su marido estaba viviendo ahora con la enfermera que le cuidó hasta recuperar la salud.

FRANCAMENTE, LA ENTREGA DE NUESTRA LEALTAD A NUESTROS DAÑADOS Y COMPROMETIDOS LINAJES GENÉTICOS PARA ABRAZAR A CRISTO, DEBERÍA DE SER UNA ELECCIÓN FÁCIL.

Cuando la verdadera esposa de este hombre finalmente llego a él, el reencuentro fue muy complicado por decir lo menos. El hombre no podía recordarla del todo. Él le dio la bienvenida con gran cautela. Pero, la esposa del hombre había llegado con el álbum de fotos de la familia. Ella le mostró a su marido fotos que habían tomado juntos. Después de un rato, el hombre comenzó a recordar quién era él. Lentamente pero seguro, recobró su memoria. Comenzó a recordar el amor que había compartido con la mujer que se hacía llamar su esposa y los niños que tuvieron juntos. Así como el hombre iba recordando, estos recuerdos trajeron con ellos una avalancha de profundas emociones de amor de su verdadera familia. La enfermera (que lo había cuidado hasta recuperar su salud), a pesar de que ella aún estaba enamorada de él, sabía que tenía que dejarlo ir. Ella sabía que no podía mantenerlo en el presente, cuando había recordado quién era él. Realmente creo que esto es exactamente lo que Dios quiere hacer con el Cuerpo de Cristo; ayudarnos a recordar quienes somos en Cristo, y volver a conectarnos al árbol genealógico (linaje) profético de Cristo.

Invalidando El Poder De La Ley de la Herencia

Puesto que hablo con quienes conocen la ley, les pregunto: ¿Acaso ignoran, hermanos, que la ley ejerce poder sobre alguien mientras esa persona vive? Por ejemplo, por la ley una mujer casada está sujeta a su marido mientras éste vive; pero si el marido muere, ella queda libre de la ley que la sujetaba a él. Así que, si ella se une a otro hombre mientras su marido vive, comete adulterio, pero si su marido muere, ella queda libre de esa ley; de modo que, si se une a otro hombre, no comete adulterio. Así también ustedes, hermanos míos, por medio del cuerpo de Cristo han muerto a la ley, para pertenecer a otro, al que resucitó de los muertos, a fin de que demos fruto para Dios.

Romanos 7:1-4

Entonces, ¿cómo podemos ser libres de la tiranía de las maldiciones generacionales y anomalías genéticas? Me alegro de que me preguntara. Tenemos que acabar con *el poder de la ley de la herencia sobre nuestras vidas. En Romanos 7:1 -4, el Apóstol Pablo detalla la tecnología espiritual para derrocar el poder de la ley de la herencia* El apóstol Pablo nos dice que la "ley" tiene dominio sobre una persona a medida que la persona viva. Pablo continúa diciendo, que una mujer está sujeta a su marido por la ley por tanto el viva; Pero, si el marido muere, esa mujer es desatada de la "ley" de su marido. Pablo continúa y dice, que mientras el esposo sigua viviendo, la mujer que se case con otro hombre será llamada adúltera. Pero, que si su marido está muerto, ella es libre de casarse con otro hombre. Pablo, entonces da un batazo cuando él finalmente dijo que creyentes nacidos de nuevo han muerto a su primer marido (la vieja naturaleza y sus hechos), a fin de contraer matrimonio con Cristo.

Veamos ahora las proféticas consecuencias a lo que el apóstol Pablo está aludiendo en la Carta a los Romanos 7:1-4. Por favor, tenga en cuenta que ya hemos llegado a la conclusión de que la "carne" representa todo lo que nos aparta de Cristo (que incluye nuestro patrimonio natural o linaje). La Biblia también llama a la "carne " el "viejo hombre." Supongamos que el marido al que el apóstol Pablo se refiere en la Carta a los Romanos 7:1 -4, es el "viejo hombre o nuestra vieja naturaleza." Mientras estuvimos casamos a nuestro " viejo hombre ", la "ley del pecado y de la muerte" tenía completo dominio sobre nosotros.

Coincidentemente, la "ley del pecado y de la muerte" es la misma ley que rige cada forma de vida en el universo que está bajo el poder del pecado. Esto significa que "la ley del pecado y de la muerte" es la principal ley que rige las maldiciones generacionales y anomalías genéticas. Por tanto mientras sigamos casados a nuestro primer marido ("el viejo hombre y sus actos"), la "ley del pecado y de la muerte" seguirá teniendo dominio sobre nosotros. La palabra dominio simplemente significa, "regir sobre" algo. Debemos recordar que todo lo que nos aparta de Cristo, esto incluye nuestro linaje natural, es parte integral de nuestra "degenerada vieja naturaleza." Lo que es rotundamente claro es que no podemos estar casados con dos maridos al mismo tiempo. Una mujer casada, que está casada con otro hombre antes de que ella sea legalmente liberada de su primer matrimonio, se llamará adúltera. Muchos creyentes en la mayoría de los casos son culpables de cometer adulterio espiritual; porque constantemente intercambian entre el caminar en el Espíritu y el caminar en la carne.

EL APÓSTOL PABLO NOS DICE QUE LA "LEY" TIENE DOMINIO SOBRE UNA PERSONA A MEDIDA QUE LA PERSONA VIVA.

El Matrimonio Con Cristo: Nuestra Libertad

Así que, si ella se une a otro hombre mientras su marido vive, comete adulterio, pero si su marido muere, ella queda libre de esa ley; de modo que, si se une a otro hombre, no comete adulterio. Así también ustedes, hermanos míos, por medio del cuerpo de Cristo han muerto a la ley, para pertenecer a otro, al que resucitó de los muertos, a fin de que demos fruto para Dios.

Romanos 7:3-4

Una vez que llegamos a Romanos 7:3 el Apóstol Pablo comienza a describir la tecnología espiritual de nuestro rescate de la tiranía de las maldiciones generacionales y anomalías genéticas. La solución a nuestra completa liberación (que puede anular y reversar el poder de la ley de la herencia a nuestro favor), nos da de frente. Nuestro matrimonio con Cristo nos ofrece la solución definitiva, si decidimos darle muerte a nuestra "vieja naturaleza" (nuestro primer marido).

La institución del matrimonio es la manera más rápida de cambiar la herencia de cualquier ser humano. Un hombre o una mujer pueden estar viviendo en la miseria, pero si se casan con un cónyuge rico, inmediatamente se hacen ricos desde el momento en que digan, "acepto." El Apóstol Pablo nos dice que si morimos a la carne, la cual fue nuestro primer marido, "la ley del pecado y de la muerte" no tiene ningún poder sobre nosotros. Somos libres para casarnos con "otro", y ese "otro" en el pasaje de Romanos es "Cristo Jesús".

Denunciando a Su Linaje Natural

De modo que si alguno está en Cristo, ya es una nueva creación; atrás ha quedado lo viejo: ¡ahora ya todo es nuevo!

2 Corintios 5:17

Pero todo lo que para mí era ganancia, lo he estimado como pérdida, por amor de Cristo.

Filipenses 3:7

Así que, ¿cómo podemos sacar el mejor partido de nuestro matrimonio con Cristo? Para obtener el mayor beneficio de nuestra unión con Cristo, debemos hacer lo que cada una mujer soltera hace cuando se casa. Ella legalmente y

113

con alegría denuncia a su apellido de soltera (o linaje) en una ceremonia pública, con el fin de tener el nombre de su marido (o linaje). Si el nombre de la mujer era Cindy Dunstan cuando era soltera, (y se casa con Matthew Kennedy), ella de inmediato pasa a ser Cindy Kennedy. Este es el motivo por el cual el ministro de bodas se vuelve hacia la multitud de testigos, al final de los votos matrimoniales, y hace este anuncio: "ahora les presento al Sr. y la Sra. Kennedy." La multitud de los testigos se alegra y nadie en la ceremonia de la boda lamenta la pérdida del apellido de la mujer, ya que era de esperarse. Era lo correcto a hacer. Pero, ¿por qué el Cuerpo de Cristo se aferra a su "antiguo nombre" (vieja naturaleza), aunque ahora están casados con Cristo?

Cuando el Señor me reveló la tecnología (técnica y método) espiritual para romper las maldiciones generacionales (contenidos en este libro), me dijo que tenía que llevar a su esposa (el Cuerpo de Cristo) a través de una ceremonia espiritual de renuncia. En esta ceremonia, se le da la oportunidad al pueblo de Dios de denunciar legalmente a la lealtad de su linaje natural, con el fin de abrazar su herencia completa como la Novia de Cristo. El Señor me mostró que, basado en Hebreos 7:3, que la genealogía de cualquier linaje o estirpe humana tiene sus raíces en dos muy poderosas personas en la vida de cada persona, que son su "padre" y su "madre." Esto significa que todas las *Maldiciones Generacionales y Anomalías Genéticas* se basan en el linaje de la madre y del padre. Este hecho por sí solo es lo que hace que el "Orden de Melquisedec" sea tan valioso para los seres humanos que están confrontando a las interferencias demoníacas de sus comprometidos linajes. Esto es debido al hecho de que Melquisedec (que es nuestro Señor Jesucristo) - en su Divinidad: "no tiene ninguna genealogía." Entonces, en su humanidad, Yeshua tiene un " perfecto linaje genético."

En base a nuestras conclusiones en el último pasaje, es evidente que nuestra herencia espiritual en nuestro matrimonio con el Señor Jesucristo es realmente incalculable. Nuestro matrimonio con Cristo es el antídoto que nos libra del veneno de las influencias demoníacas en nuestro árbol genealógico. Pero, no podemos disfrutar de esta increíble bendición si no estamos dispuestos a denunciar a nuestro linaje natural a favor del "sacerdocio de Melquisedec por medio de Cristo." Tenemos que estar dispuestos a denunciar a la lealtad de nuestro linaje natural con el fin de heredar el " genéticamente perfecto linaje " de nuestro Señor Jesucristo.

Convertirse En Un Embajador Para Su Familia

Y decían: "¿Acaso no es éste Jesús, el hijo de José, cuyo padre y madre nosotros conocemos? Entonces ¿cómo puede decir: "Del cielo he descendido"?"
Juan 6:42

El Señor me dijo que guiara a su pueblo a través de una oración de renunciación, antes oré por la completa aniquilación divina de todas las maldiciones generacionales y anomalías genéticas de sus linajes naturales. El Señor me dijo que la gente tiene que renunciar a la lealtad del linaje de su "padre y madre." Cuando el Espíritu Santo me mostró esto, quería saber (del Señor) si esta acción significa que, las personas denuncian sus familias naturales, porque sé que Dios es el Dios de la familia. El Señor me aseguró que denunciar nuestro linaje natural, con el fin de abrazar a su santo linaje profético, no se traduce en denunciar nuestro compromiso y amor a las familias con las que nos ha bendecido.

Pero, el Señor me mostró que "denunciar a nuestro linaje natural" para abrazar nuestro matrimonio con Cristo realmente eleva nuestra estatura espiritual, antes que a nuestras familias naturales. Este acto espiritual de la denuncia nos eleva aun más y nos convierte en "embajadores del Reino" para los miembros de nuestra familia natural. El Espíritu Santo me hizo una pregunta: " ¿Cómo se le llama a un funcionario que representa su gobierno (Reino) en suelo extranjero?" "Un Embajador", le contesté. El Espíritu Santo me mostró que los hijos de Dios tienen la opción de ser contados como un "mero miembro" de su familia natural o como un "embajador" del Reino de Dios a su familia. El Espíritu Santo me mostró que un embajador es la única persona que puede vivir en territorio extranjero, y ser completamente inmune a las amenazas que residen en ese país. En el contexto de este libro, si elegimos a ser embajadores del Reino a nuestras familias (a diferencia de ser contados en sus números), Dios se asegurará de que estemos "inmunizados" de cualquier de las "Maldiciones Generacionales y Anomalías Genéticas" que puedan correr rampantemente en nuestra familia natural.

La Oración De Renunciación

A continuación encontrarán la oración que el Espíritu Santo me dio para llevar a cualquier persona hacia la liberación completa, de todas las "Maldiciones Generacionales y de Anomalías Genéticas." Por favor, siéntase libre de leer en voz alta, y si está confiando en Dios por su propia liberación. Si usted está haciendo esto en un grupo, es importante elegir a una persona que pueda actuar como un instructor para que pueda dirigirlos a todos a través de la oración. Debe hacer la siguiente oración con voz fuerte.

(Repetir después el instructor)

"Padre Celestial, estoy ante tu corte real para recibir tu justo juicio sobre mi herencia genealógica. Padre Celestial hago un llamamiento a los santos ángeles para que sean testigos de esta transacción legal y justa. Además decreto y declaro que todos los poderes demoníacos que se han adjuntado a la sangre de mis antepasados naturales, respeten y honren tu justo juicio sobre mi herencia genética.

Padre Celestial tu Palabra dice que si confesamos nuestros pecados, eres fiel y justo para perdonar nuestros pecados y limpiarnos de toda maldad. Padre Celestial, perdóname por idolatrar a mis antepasados en vez de renunciar para mi beneficio en Cristo, mi Señor.

Padre Celestial, me dispongo alegremente a DENUNCIAR al linaje... (Inserte el apellido del padre aquí). Denuncio al linaje que este nombre representa y a todas las tecnologías (técnicas y/o métodos) demoniacos y maldades que estén conectadas a lo largo del tiempo de este linaje. Renuncio a este para poseer el santo y perfecto linaje profético de Yeshua. La herencia genética de Jesús es ahora mi herencia.

Padre Celestial, me dispongo alegremente a DENUNCIAR al linaje... (Inserte el apellido de soltera de la madre aquí) Denuncio al linaje que este nombre representa y a todas las tecnologías (técnicas y/o métodos) demoniacos y maldades que estén conectadas a lo largo del tiempo de este linaje. Renuncio a este para poseer el santo y perfecto linaje profético de Yeshua.

(Sólo las mujeres casadas)

Padre Celestial, me dispongo alegremente a DENUNCIAR al linaje... (Inserte el apellido del esposo aquí). Denuncio al linaje que este nombre representa y a todas las tecnologías (técnicas y/o métodos) demoniacos y maldades que estén conectadas a lo largo del tiempo de este linaje. Renuncio a este para poseer el santo y perfecto linaje profético de Yeshua sobre mi matrimonio.

(Sólo aquellos que nunca conocieron a sus padres biológicos)

Padre Celestial, no conozco a mis padres biológicos aunque llevo sus herencias genéticas, pero tú conoces a mis padres biológicos. Por lo tanto, confío en ti para que me libres de cualquier iniquidad adjunta al linaje de mis padres biológicos. Padre celestial, me dispongo alegremente a DENUNCIAR a los linajes que representan sus nombres y todas las tecnologías (técnicas y/o métodos) demoníacas y maldades que estén conectadas a lo largo de sus linajes. Renuncio a estos para poseer el santo y perfecto linaje profético de Yeshua. La herencia genética de Jesús es ahora mi herencia.

Padre Celestial, me dispongo alegremente a DENUNCIAR a todos los ADN sobreimpuestos, derivados de brujería, idolatría, agresión sexual, transfusiones de sangre, trauma, inmoralidad sexual, adopción, rechazo o control mental. Yo denuncio enérgicamente a todas las tecnologías (técnicas y/o métodos) demoníacas y maldades que estén conectadas a este ADN sobreimpuesto a lo largo de este linaje. Renuncio a este ADN sobreimpuesto para poseer el santo y perfecto linaje profético de Yeshua.

Padre Celestial, mientras me preparo para saltar sobre el linaje profético, libero mi fe y oro por la sanidad de mi cuerpo y todas las anomalías genéticas en el nombre de Yeshua. Padre Celestial, también te ruego que me liberes permanentemente de las maldiciones generacionales de mi linaje, sobre imponiendo tu linaje profético sobre mí Yeshua. Gracias por sanarme de todas las deficiencias genéticas, en el nombre de Jesucristo.

Saltando la línea

(Antes de saltar sobre el 'linaje profético' no olvide de alabar a Yeshua una vez que salte sobre la línea.)

En el nombre del padre, el hijo y el Espíritu Santo, salto!!!

Saltando Sobre El Linaje Profético

El último paso de este proceso de liberación es el de saltar una ***línea de sangre profética*** que representa la convergencia del linaje de nuestro padre y madre. Cuando el Señor Jesucristo me estaba descargando la tecnología (técnica/método) espiritual para romper las maldiciones generacionales que figura en este libro, El me mostró una visión de un grupo de personas que estaban de pie delante de una línea y, luego, saltaron sobre ella. Le pregunté al Señor qué significaba esto. El Señor me dijo que la línea en el suelo era un acto profético de los linajes naturales que su pueblo tenía que saltar por encima, con el fin de estar plenamente identificado con su santo linaje profético.

El Señor me dijo que después de la oración de renunciación, debía instruir a los libertados a saltar por encima de la línea como un acto profético. El acto profético simboliza el hecho de que abandonen su lealtad a los linajes, con el fin de abrazar el santo y profético linaje o generación de Yeshua. El Señor también me instruyó a que informara a los libertados a dar una profunda y sincera alabanza al Señor, una vez que saltaran por encima de la línea.

Mientras que los libertados están alabando al Señor, el Señor me indico que utilizara este tiempo para reprender a los poderes demoniacos que estaban conectados a los linajes naturales de los que acaban de denunciar. También uso este momento para pedirle al Espíritu Santo que cure todas las anomalías genéticas de los libertados. Hemos visto al Señor sanar las enfermedades genéticamente inducidas en esos momentos de oración. El capítulo final de este libro incluye testimonios de algunos de los libertados por los que he orado a lo largo de los años. No obstante, cualquier creyente puede lograr los mismos resultados si simplemente sigue el protocolo espiritual que he establecido en este capítulo.

SECCIÓN DE APLICACIONES PARA LA VIDA

VERSO PARA MEMORIZAR

Aunque también yo tengo de qué confiar en la carne. Si alguno piensa que tiene de qué confiar en la carne, yo más: Fui circuncidado al octavo día, y soy del linaje de Israel, de la tribu de Benjamín; soy hebreo de hebreos y, en cuanto a la ley, fariseo; en cuanto a celo, perseguidor de la iglesia; en cuanto a la justicia que se basa en la ley, irreprensible. Pero todo lo que para mí era ganancia, lo he estimado como pérdida, por amor de Cristo. Y a decir verdad, incluso estimo todo como pérdida por la excelencia del conocimiento de Cristo Jesús, mi Señor. Por su amor lo he perdido todo, y lo veo como basura, para ganar a Cristo."

Filipenses 3:4-8 KJV

REFLEXIONES

¿Cómo define el Apóstol a la "carne?"

_____

_____

_____

_____

_____

¿Qué es un linaje?

_____

_____

_____

_____

_____

SU DIARIO PERSONAL
DE ESTE CAPÍTULO

LA BENDICIÓN GENERACIONAL

*"No te inclinarás ante ellas, ni las honrarás, porque yo soy el Señor tu Dios, fuerte y celoso. Yo visito en los hijos la maldad de los padres que me aborrecen, hasta la tercera y cuarta generación, **pero trato con misericordia infinita a los que me aman y cumplen mis mandamientos."***

Éxodo 20:5-6

A pesar de que este es un libro sobre el regreso de una antigua tecnología espiritual para derrocar a las "maldiciones generacionales y anomalías genéticas, sería incorrecto de mi parte terminarlo en esa nota. Quiero que este libro llame la atención del cuerpo de Cristo a lo que Dios desea que su pueblo experimente, después de que seamos liberados de las maldiciones generacionales y anomalías genéticas. Dios quiere ayudarnos a romper la barrera de las "maldiciones generacionales" hacia los refrescantes *arroyos de la "bendición generacional."*

La mayoría de líderes espirituales (que enseñan el rompimiento de "las maldiciones generacionales") están tan enfocados en romper estas insidiosas maldiciones que no se detienen a meditar en Éxodo 20:6. Los primeros cinco versículos del capítulo 20 de Éxodo aborda las consecuencias espirituales de nuestra desobediencia a Dios. Sin embargo, el sexto versículo es muy revelador sobre cuál es la principal agenda de Dios y nos advierte en contra de participar en la actividad demoníaca mencionada en los versículos anteriores. La intención de Dios es llevar a su pueblo a la "Bendición Generacional".

Lo que es de notar es que "las maldiciones generacionales" pueden ir hasta la tercera y cuarta generación mientras que la "bendición" generacional" puede durar hasta mil generaciones. Imagine una bendición tan potente que dure por largo tiempo. Algunos de nosotros no podemos ni siquiera imaginar que esa bendición sea incluso posible. Imagine una "bendición generacional", que pueda garantizar que por mil generaciones nuestros descendientes estarían disfrutando de las bendiciones del Dios Todopoderoso. Esto es lo que el Señor desea que tome lugar en su pueblo.

Viña de Nabot

Después de estos sucesos, resultó que un hombre llamado Nabot de Jezrel tenía una viña en Samaria, junto al palacio del rey Ajab. Y Ajab habló con Nabot y le dijo: "Tu viña está cerca de mi palacio. Dámela, a cambio de otra mejor. Quiero plantar allí un huerto de legumbres. Si lo prefieres, te pagaré con dinero lo que valga." Pero Nabot le respondió: "¡Que el Señor me libre de hacer eso! ¡Yo no puedo vender la herencia de mis padres!"

1 Reyes 21:1-3

Dios es un Dios que ama ver a su pueblo tomar su herencia. Esto se pone de manifiesto en las Escrituras cómo Dios defiende a los desheredados. La razón principal por la cual Dios destruyó la nación de Egipto durante los días de Moisés fue porque los egipcios habían negado al pueblo de Israel un camino a la herencia. Los hicieron trabajar muchas horas construyendo las pirámides de Egipto, sin ninguna oportunidad de obtener su propia herencia. Esto afligió y enfureció el corazón de Dios, quien es el Dios de la herencia. Él es el Dios de la bendición generacional.

DIOS QUIERE AYUDARNOS A ROMPER LA BARRERA DE LAS "MALDICIONES GENERACIONALES" HACIA LOS REFRESCANTES ARROYOS DE LA "BENDICIÓN GENERACIONAL."

En el libro de 1 Reyes 21:1-3 tenemos una historia muy interesante sobre una cuestión relativa a una herencia. Rey Ajab, el marido de la impía Jezabel, quería comprar la viña de uno de sus súbditos con el nombre de Nabot. El rey Ajab ofreció comprar el viñedo de Nabot por más dinero de lo que valía. Pero Nabot se negó a vendérselo a él. La razón que Nabot tenía para reusarse a honrar la petición del rey fue porque la viña era invaluable para él. Era la herencia de sus antepasados. Esta viña había pertenecido a su familia por muchas generaciones. El viñedo se había convertido en un símbolo de algo que el dinero no podía comprar. Además, la viña se había convertido en con el tiempo, en una reliquia de familia, por lo que no podía desprenderse de ella por ninguna cantidad de dinero.

El Error Más Grande De Jezabel

Ajab regresó a su palacio triste y decepcionado porque Nabot le dijo que no podía vender la herencia de sus padres. Y se fue a la cama sin comer y sin querer ver a nadie. Entonces Jezabel, su mujer, entró en su alcoba y, y al verlo triste, le preguntó: "¿Por qué estás tan desanimado? ¿Por qué no comes?" Y Ajab le respondió: "Fui a ver a Nabot de Jezrel, y le pedí que me diera su viña a cambio de otra mejor; o que, si quería dinero, yo se lo pagaría. ¡Pero me dijo que no me daría su viña!" Entonces Jezabel le preguntó: "¿Y acaso no eres tú el rey de Israel? ¡Vamos, come y emborráchate! Yo me comprometo a darte la viña de Nabot."

1 Reyes 21:4-7

Cuando el Rey Ajab regresó a su palacio, la nube de depresión se reflejaba en todo su rostro. Su pérfida esposa Jezabel le preguntó qué era lo que le pasaba. Él procedió a contarle de su conversación con Nabot, sobre la venta de su viña. Jezabel respondió con claro desprecio al Rey. Ella le dijo que él estaba actuando como un necio, en vez de actuar como un rey. Ella le prometió que le conseguiría la posesión la de viña de Nabot.

Jezabel ideó un plan diabólico para despojar a Nabot. Le escribía cartas a los nobles y a los oficiales del palacio, que moraban en la ciudad de Nabot. Ella les envió las cartas en papel con membrete del Rey, teniendo su firma real. En su carta, Jezabel encargó a los nobles para invitar a Nabot a una prestigiosa comida con los dirigentes de la ciudad. También les instruyo que aseguraran los servicios de dos mentirosos profesionales, y les indicó que presentaran falsas acusaciones contra Nabot, mientras comían. Estos nobles estaban aterrorizados de Jezabel e hicieron exactamente lo que ella demandó. Cuando Nabot llegó para asistir a la cena de estado, estos mentirosos profesionales se levantaron contra él, y comenzaron a acusarle de traición.

Desde que la traición era un delito penado con la muerte, estos nobles (que habían entrado en una conspiración con Jezabel para matar Nabot), persuadieron a la gente a apedrear a Nabot. Después de que Nabot fuera apedreado hasta la muerte, estos nobles enviaron un mensaje a Jezabel para informarle de que la misión había sido cumplida. Jezabel, a continuación, se dirigió a su marido y le dijo que él podría tener el viñedo de Nabot, porque Nabot había muerto. El rey Ajab subió a sus carruajes reales y se apresuró a la viña de Nabot para poseerla. Mientras él estaba inspeccionando la viña de Nabot, Dios envió al profeta Elías con una palabra de juicio que marcó el comienzo del fin para la malvada mujer Jezabel. Esta vez, Jezabel había ido demasiado lejos. Había indignado el corazón de un Dios santo por matar a un hombre inocente que sólo trataba de defender su herencia, o su bendición generacional que sus antepasados le dejaron.

La moraleja de esta historia es que, aunque Jezabel era una malvada reina y había cometido grandes pecados contra el Señor, fue su conspiración por matar a Nabot sobre la herencia de sus antepasados la que colmó el vaso. Dios tuvo suficiente de la maldad de Jezabel. Ella firmó su propia sentencia de muerte, cuando derramó la sangre de un hombre inocente sobre su herencia.

> DIOS TUVO SUFICIENTE DE LA MALDAD DE JEZABEL. ELLA FIRMÓ SU PROPIA SENTENCIA DE MUERTE, CUANDO DERRAMÓ LA SANGRE DE UN HOMBRE INOCENTE SOBRE SU HERENCIA.

Sentencia de Jezabel

En cuanto a Jezabel, tu mujer, yo, el Señor, declaro que los perros se la comerán en la muralla de Jezrel.

1 Reyes 21:23

El profeta Elías procedió a dictar sentencia sobre Jezabel, por su participación en la muerte de Nabot. El profeta Elías había profetizado que Dios iba a asegurarse de que la muerte de Jezabel sería tan inhumana como la muerte que le había servido a Nabot. El profeta Elías profetizó que los perros se comerían el cuerpo de Jezabel, al igual que los perros se habían comido el cuerpo de Nabot. De conformidad con la profecía del profeta Elías, Jezabel murió una muerte horrible.

Cuando Jehú se convirtió en rey de Israel, mandó a los eunucos que cuidaban de Jezabel, que la arrojaran por la ventana. Los Eunucos obedecieron el mandato que había dado Jehú y la tiraron por la ventana. Ella cayó al suelo, donde su cuerpo se rompió en varios pedazos, y los perros de la ciudad se reunieron en torno a ella y empezaron a comérsela. Murió exactamente igual que el hombre inocente que había matado por su herencia. Esa historia nos confirma el hecho de que Dios quiere que su pueblo experimente la "bendición generacional".

La Bendición Generacional

Cristo nos redimió de la maldición de la ley, y por nosotros se hizo maldición (porque está escrito: "Maldito todo el que es colgado en un madero"), para que en Cristo Jesús la bendición de Abrahán alcanzara a los no judíos, a fin de que por la fe recibiéramos la promesa del Espíritu.

Gálatas 3:13-14

En el pasaje anterior de las Escrituras, el Apóstol Pablo hace muy claro que Cristo murió en la cruz, para redimirnos de la maldición de la ley, para que la bendición de Abraham fuese sobre los Gentiles. Lo interesante de este pasaje de la Escritura es que va más allá de la comprensión religiosa de por qué Jesucristo fue crucificado. Si se le pregunta a la mayoría de la gente ¿por qué Jesucristo fue crucificado, ellos rápidamente indican que fue por pagar por nuestros pecados. Sin lugar a dudas, esto es cierto. Pero, enfoca nuestra atención en el lado negativo de la redención, y no reconoce el lado positivo de la redención. El lado negativo de la redención se centra en la supresión del pecado. El lado positivo de la redención se enfoca en los beneficios de la justicia que Dios quiere concedernos, en Cristo Jesús. Armado con este conocimiento, el Apóstol Pablo nos dice que Cristo murió en la cruz, para que la bendición que estaba sobre Abraham viniera sobre los Gentiles. En otras palabras, el Señor Jesucristo murió en la cruz, no solamente para pagar por nuestros pecados, sino también para asegurarnos la "bendición generacional" a todos los hijos de Dios.

SECCIÓN DE APLICACIONES PARA LA VIDA

VERSO PARA MEMORIZAR

Ajab regresó a su palacio triste y decepcionado porque Nabot le dijo que no podía vender la herencia de sus padres. Y se fue a la cama sin comer y sin querer ver a nadie. Entonces Jezabel, su mujer, entró en su alcoba y, y al verlo triste, le preguntó: "¿Por qué estás tan desanimado? ¿Por qué no comes?" Y Ajab le respondió: "Fui a ver a Nabot de Jezrel, y le pedí que me diera su viña a cambio de otra mejor; o que, si quería dinero, yo se lo pagaría. ¡Pero me dijo que no me daría su viña!" Entonces Jezabel le preguntó: :¿Y acaso no eres tú el rey de Israel? ¡Vamos, come y emborráchate! Yo me comprometo a darte la viña de Nabot."   -

1 Reyes 21:4-7

REFLEXIONES

¿Cuál fue el mayor pecado de Jezabel que la condujo a la muerte?

_____

_____

_____

_____

_____

¿Qué es una bendición generacional?

_____

_____

_____

_____

SU DIARIO PERSONAL
DE ESTE CAPÍTULO

_____

_____

_____

_____

_____

_____

_____

_____

_____

_____

_____

_____

_____

_____

_____

_____

_____

_____

_____

_____

_____

_____

_____

_____

_____

_____

_____

_____

_____

ESTUDIOS DE CASOS TESTIMONIALES

Siempre he creído que cada una de las tecnologías, ya sea natural o espiritual, necesita ser probada antes de ser exportada al usuario final. Después de que el Señor me dio la revelación contenida en este libro, yo le pedí que me diera oportunidades para demostrar la credibilidad de esta tecnología espiritual con resultados innegables. Dios no nos ha defraudado. Desde que comencé a orar por su pueblo en conformidad con la revelación contenida en este libro, los resultados han sido muy satisfactorios. Este capítulo es una recopilación de algunos de los muchos testimonios que hemos recibido desde que comenzamos a exportar esta tecnología de liberación de las "maldiciones generacionales" para el usuario final.

Testimonio de Beth El (Sedona, AZ)

Todo comenzó en junio del 2009 cuando hubo una invasión del cielo sin previo aviso en mi habitación. Tuve una visita del Rey de reyes. Él caminaba como un león en mi habitación desde el Reino Espiritual hacia mí. Fue un encuentro cara a cara. Su túnica era del más hermoso e increíble blanco que jamás haya visto y no hablamos, pero él conocía mis pensamientos y estuve quedita y sentí como su presencia y su amor me rodeaban. Tenía la mirada tan tierna en el rostro y, sin embargo, una audacia al mismo tiempo. Yo no puedo seguir con detalles, pero es evidente que transformó mi vida, porque me interceptó de mí misma.

No fue hasta octubre del 2010, que empecé a comprender la plenitud de su intención y su interceptación. Esta llego a mí por medio de la revelación que Dios le ha dado al Dr. Francis Myles por la que estoy eternamente agradecida.

Mucho ha ocurrido desde entonces en mi caminar con el Señor. Me mudé a la Ciudad de Nueva York en mayo del 2010 (el este), a Sedona, Arizona (el oeste). Viaje de la jungla de cemento de Manhattan, en Nueva York a las montañas de rocas rojas de Sedona.

Me invitaron a un encuentro llamado El Festival de Poder y Gloria del Reino. David & Stephanie Herzog, Lance Wallnau y el Dr. Francis Myles fueron los oradores en Septiembre del 2010. Cuando el Dr. Francis habló y compartió sobre su libro "El Espíritu de la Divina Intercepción", dijo, esto es para alguien que realmente lo necesita. Yo estaba como pegada a mi asiento y de inmediato salté y corrí hacia el frente para conseguir su libro. El Dr. Francis me miró con una expresión muy seria y dijo, "Este es el libro que Dios quiere que usted tenga." Cuando leí la página 58 de este libro y lo que la "divina intercepción" significa, que es que "Dios lleva a usted antes de que el diablo tenga la oportunidad de sacarle fuera", comencé a entender lo que Dios quería que yo supiera y porque él me visitó.

El Dr. Francis habló de una universidad de vanguardia llamada El Orden de Melquisedec que el Señor le había dado y sabía en mi espíritu, me tenía que ir. A partir del 21 al 23 octubre del 2010 comenzó el cambio más importante en mi vida, cuando asistí a la Universidad. Aquellos que están serios acerca de saltar la línea al Reino deben de hacerlo por medio de la fe. Cristo en nosotros la esperanza de Gloria.

Reconocí que Cristo fue mi Melquisedec, Rey y esposo. Rápidamente establecí el fundamento legal para destituir las maldiciones generacionales porque Cristo no tiene genealogía. No tuvo madre, ni padre, ni línea ancestral, ni principio de días ni fin de vida (Hebreos 7:1-3). Poco después de la graduación yo reflexioné sobre muchas cosas que el Dr. Francis habló. Más recientemente, he visto muchas de las respuestas a las oraciones desde que salté la línea.

Este es un testimonio que ocurrió inmediatamente después que asistí a la Universidad de Liderazgo del Orden de Melquisedec. Alguien en mi iglesia, llamada Roca Sólida en Sedona, me dio un automóvil. No era el que yo le había pedido, pero Dios tenía un plan mayor si sólo confiaba en él. Dentro de tres semanas, vendí el automóvil con facilidad y utilicé el dinero hacia el automóvil de mis sueños. El automóvil que yo deseaba estaba enlistado en Craigslist por su propietario. Una mujer que conocí en la ciudad me contó sobre un mecánico de automóviles que trabajaba en automóviles BMW. Lo llamé, y revisó el automóvil, y me dijo que estaba en condiciones impecables. El exclamó, "¡Qué gran precio". Yo estaba tan bendecida por lo que el Señor me dio. Lloré de alegría. Ahora tengo un hermoso convertible BMW plateado con todas las extras. Es suave de manejar. ¡Aun mejor que conseguir el auto de mis sueños fue que dirigí a la dueña del auto al Señor! Todos estos milagros han estado sucediendo desde que denuncié a mi pasado linaje natural para siempre, y legalmente, ya no estoy atada a mi linaje ancestral. Estoy establecida en el eterno camino con Cristo. Deseo lo que Dios quiere para mí y elijo servirle todos los días de mi vida. Todo comenzó con la revelación que Dios le dio al Dr. Francis Myles. Qué gran tesoro tenemos en el Dr. Francis Myles y su bella esposa. Gracias, Yeshua. Ahora puedo ver claramente y deseo continuar este camino de obediencia a Dios como el gran interceptor.

Testimonio de Verna B, (Austin, TX)

El viernes por la noche, Verna B, una miembro de Kingdom Point Ministries, de Austin, Texas, cojeaba al entrar a nuestra reunión desesperada por sanidad. Desde hace más de 12 años, la artritis reumatoide se había asentado tan gravemente en su rodilla y pierna derecha, que rogó al Señor que le arrancara la pierna. En una escala de uno a diez, el dolor llegaba a más de veinte. Remover la pierna parecía ser su única opción. Esta es su historia:

"El Pastor Joshua mencionó una próxima reunión con el Dr. Francis Myles. Yo tenía un montón de cosas malas aferrándose a mi linaje natural pero nunca había encontrado una forma de liberación. El diario trauma emocional y el dolor eran tan devastadores que incluso la más mínima cosa podría dar lugar a un mar de lágrimas.

Mi sanidad pasó como resultado por entender el mensaje que el Dr. Myles llegó a compartir con nosotros, "Rompiendo Maldiciones Generacionales bajo en Orden de Melquisedec." Esta es una de las mejores enseñanzas que he escuchado jamás. WOW, el Dr. Myles es verdaderamente dirigido por el Señor.

Después de que terminó la enseñanza, el Dr. Francis Myles pidió a todos en la Iglesia, pararse frente de una línea, lo que era una representación profética de nuestros devastados y pecaminosos linajes naturales. Luego nos llevó a través de un tiempo denunciando nuestra lealtad por nuestros linajes naturales, a favor del linaje profético de "Yeshua". Después de la oración de renunciación, nos dijo que saltáramos por encima de la línea en el suelo representando nuestro patrimonio natural, mientras que él le pidió a Dios que destruyera toda maldición generacional y nos infundiera con el linaje profético de Cristo. No sólo se fue todo mi dolor desde que salté por encima de la línea, sino que ahora puedo bailar con mi perrito poodle, Jeremías. Rendirme no era una opción ni tampoco lo era quitarme la pierna. Dios tenía una mejor manera y estoy realmente agradecida.

Testimonio De Un Amigo Cercano (Fort Worth, TX)

No hace mucho tiempo ministré a unos queridos amigos míos en la privacidad de su propio hogar. Esta familia tenía una larga historia de brujería generacional en su árbol genealógico. A pesar de que eran creyentes nacidos de nuevo, y lo habían sido desde hace algún tiempo, las circunstancias eran todavía desequilibradas dentro de la familia. Durante casi 20 años, la madre de esta familia había luchado con la culpa de haber dejado físicamente atrás a su propia familia de la infancia, y mudarse a otro lado para tener su propia vida. Esta es la historia de la madre:

He pasado a través de años de perdón y liberación. No importaba lo que hiciera, yo no era capaz de perdonarme por dejar de mi familia atrás para defenderse por sí mismos. Ha transcurrido mucho tiempo desde que hemos vivido físicamente cerca de mi familia. Nuestra hija menor había estado teniendo un terrible sueño recurrente (por lo menos dos veces a la semana). En el sueño, la niña soñaba que estaba en la casa de sus abuelos. En el sueño, ella siempre veía lobos con deslumbrante ojos rojos mirándola. La niña caía en un corredor que la vez entraba en un oscuro y lúgubre calabozo. En el sueño, ella vio que su abuelo fue retenido como un prisionero pasivo dentro de ese calabozo. Muchas personas, con distintas armas, se reunían alrededor de esas personas que estaban atrapadas en el calabozo, con la intención de hacerles mucho daño. Nuestra hija se despertaba gritando de terror cada vez que tenía este sueño recurrente.

El Dr. Myles vino a nuestra casa y comenzó a enseñarnos cómo tratar a las maldiciones generacionales, y dejar el pasado atrás. Ninguno de mis hijos estaba presente cuando el Dr. Myles nos llevó a través de la liberación de saltar por encima de la línea. Ni siquiera les mencione nada sobre el tema.

Al día siguiente por la mañana nuestra hija vino a compartir su sueño, como lo había hecho muchas veces antes. Esta vez las cosas habían cambiado.

Esta vez, en el mismo sueño recurrente de mi hija se le instruyó que cantara canciones específicas dentro del sueño. Cuando lo hizo, un hombre en el sueño que había tratado intencionalmente de hacerle daño la puso a salvo fuera del calabozo. A pesar de que el abuelo se quedó en su estado pasivo dentro del calabozo, mi hija estaba ahora libre del tormento de sus pesadillas recurrentes. Mi sentido de culpabilidad por dejar a mi familia se fue y mi hija no ha tenido más pesadillas de sentirse impotente y atrapada en un calabozo.

Testimonio de Weslyn W (Plano, TX)

Absolutamente doy testimonio del poder y la libertad que mi vida ha recibido a través de esta enseñanza por el Dr. Myles sobre El Orden de Melquisedec. Desde que salté la línea y corté las ataduras de mi linaje, mi vida se ha disparado en todas las áreas literalmente. Particular he notado la capacidad de estar en sintonía con la voz de Dios. Mientras que antes me costaba recordar "después del hecho" los hábitos que yo estaba tratando de romper en mi vida, y que ahora los veo venir y me les escapo. Hay un tan alto conocimiento en mi espíritu de Cristo, quien es mi Señor y Rey y la libertad desatada sobre mi vida de las revelaciones bíblicas de esta enseñanza. Estas me han dado oportunidad para compartirlas con todos los que conozco. Alabado sea el Dios Altísimo! Weslyn W, Capstone Prayer Ministries, Inc. CAPSTONE PROGRAM MANAGEMENT, Inc. PLANO, TX.

Craig Clayton Testimonios (Seattle, WA)

Como miembro de Into His Chamber Ministries International, IHCM (Ministerios en tus Aposentos Internacional) bajo el liderazgo espiritual de Helen la Apostolada, y el obispo George Saddler, quisiera expresar mi sincero agradecimiento por su reciente visita a la Casa del Señor. He estado en la industria financiera y en el ámbito de los negocios por muchos años. Dios me ha bendecido con varias empresas que hasta la fecha y también he tenido muchos otros en el pasado. Digo que decir esto... Mi Apostolada siempre nos ha proporcionado con el tipo de liderazgo y orientación espiritual que nos ha ayudado a ser fructíferos en el ámbito de los negocios. Sus enseñanzas en la prosperidad y la riqueza son verdaderamente ungidas, y cuando ella trajo el Orden de Melquisedec a IHCM, finalmente comprendimos que no estábamos operando en la plenitud de lo que Dios tiene para nosotros, porque estamos atados a nuestras naturales corruptas genealogías.

133

Cuando renunciamos a nuestro linaje y nuestros lazos de nuestro árbol genealógico, nos libero a esos de nosotros en el ámbito de los negocios a una renovada unción en el campo de los negocios conectada solamente a nuestro linaje profético que nos permitió estar completamente sumergidos en el río de DIOS.

Después que el Dr. Myles se fue de nuestra iglesia, la Apostolada envió una serie de bendiciones y oraciones por texto a todos sus dirigentes. Fue intenso y lleno de poder, así como delineó nuestro éxito bajo en Orden de Melquisedec. En ese momento, yo estaba pasando por una evaluación de seguridad militar, que se había prolongado durante dos años. Estaba en casa, cuando la primera pasó e inmediatamente recibí una llamada para decirme que fuera a llenar la parte final de mi aplicación. Me sentí abrumado en cómo el conocimiento del Orden de Melquisedec y el operar en el mismo son muy diferentes. A mi llegada a la Oficina de Seguridad, estaba esperando en línea cuando el Jefe de Seguridad, que pasaba por allí por me saludó. A continuación, ella me invitó a su oficina para atenderme. Mientras estaba sentado ahí el segundo texto de la Apostolada sobre el Orden de Melquisedec entro indicando que el inmediato y excepcional favor sería nuestro en cuanto abracemos el Orden de Melquisedec a través de Jesucristo. Antes de que yo pudiera regresar a mi auto, el último texto entró delineando la medida del éxito de nuestro linaje profético.

Mi teléfono sonó, era la Jefa de Seguridad diciendo que ella había hablado con el Jefe de Seguridad del Ejército de Washington D. C. y mi acreditación en seguridad sería aprobada inmediatamente. Cuando usted se encuentra en el río de Dios, la lucha se convierte en lo contrario porque el Río es la voluntad de Dios y no hay lucha en él. Su palabra profética ya había sido hablada que a mí me sería concedida mi acreditación para fines de seguridad y que sería promovido a Sargento Máster (E-8). Jesucristo es nuestro Señor y Salvador, bajo en Orden de Melquisedec, vemos el esquema y el plan de navegación en este laberinto que es el mundo y como el Señor tiene la última palabra sobre nuestra vida.

OTROS CAMBIOS DE VIDA LIBROS DEL DR. MYLES

(Por favor visite www.themarketplaceapostle.net o francismyles.com paa ordan estos libros dinámicas, DVDs, CDs y MP3)

Para reservar el Dr. Francis Myles para su evento, envíe un mensaje de correo electrónico "themarketplaceapostle@gmail.com."

En este mensaje que cambia vidas Dr. Francisco Myles quiere aprovechar esta Oportunidad para "introducir" a Uno de los más potentes "órdenes espritual que Dios haya creado Servicio a las necesidades espirituales de "Los ciudadanos del Reino Unido" durante su "Peregrinación" aquí en la tierra: La "ORDEN" de "MELQUISEDEC." *En este explosivo enseñanza El Dr. Francis Myles le mostrará:*

- Programa permanente de Dios a la estación en la tierra, a un órgano functional de los reyes y sacerdotes que pueden representar el reino de Dios con precisión.

- ¿Cómo el orden de Melquisedec se desata una "Paternidad Espíritu" en la iglesia y en el mercado de la comunidad, Transformación.

- Y MUCHO MÁS...

OTROS CAMBIOS DE VIDA LIBROS DEL DR. MYLES

(Por favor visite www.themarketplaceapostle.net o francismyles.com paa ordan estos libros dinámicas, DVDs, CDs y MP3)

Para reservar el Dr. Francis Myles para su evento, envíe un mensaje de correo electrónico "themarketplaceapostle@gmail.com."

En este cambio de vida libro, el Dr. Francisco Myles presenta al lector una de las Las tecnologías más potentes en todos espiritual de la creación. Dios instituyó esta tecnología para gobernar el espiritual, social y financiera asuntos de los ciudadanos del Reino Unido durante su peregrinación aquí en la tierra. En el corazón de todos informados espiritual o de la investigación científica es un cuerpo de preguntas que todo el combustible investigación. En el espíritu de informado investigación, este libro tratará de responder las siguientes preguntas:

- **¿Por qué** son estas historias de los desastres y lamento concentrados en el Mercado?

- ¿Por qué Reino Unido los empresarios pierden millones de dólares en mal Negocios?

- Hay una "prueba de fallos" tecnología para "interceptar" gran parte de El mal que se visitó a los seres humanos antes de que se produzcan realmente?

- Y MUCHO MÁS...

OTROS CAMBIOS DE VIDA
LIBROS DEL DR. MYLES

(Por favor visite www.themarketplaceapostle.net o francismyles.com paa ordan estos libros dinámicas, DVDs, CDs y MP3)

Para reservar el Dr. Francis Myles para su evento, envíe un mensaje de correo electrónico "themarketplaceapostle@gmail.com."

En este explosivo libro best seller, Autor Dr. Francis Myles enfrenta Cabeza, patrones del diezmo inexacta en el cuerpo de Cristo. Este es un libro que debe leer para quienes se han dado por vencidos en el diezmo y los que pagan el diezmo con regularidad. El Dr. Francis Myles Mostrará el lector por qué Malaquías 3:8-12 el diezmo no es un modelo mejor de parte de Dios Sistema de diezmo de Nuevo Testamento Los creyentes, mientras que simultáneamente Descubrir el modelo Abraham diezmo, que se basa en "honor En lugar de legalismo." un gran avance en el diezmo que el modelo diablo Y en la tradición religiosa han intentado cubrir hasta ahora!

En "Jesús Cristo: Nuestra Real Sumo Sacerdote" autor de best-sellers, el Dr. Francis Myles nos da el más introspectivo exégesis del libro de Hebreos. En una magistral exposición de el libro de Hebreos, se llega a conocer a Cristo el Sumo Sacerdote como nunca antes. Su comprensión de la Gracia, la fe y la Nueva Alianza se verá incrementado en gran medida.

ATTEND OUR LIVE & ONLINE SCHOOL

Usted nunca ha estado en un "Cambios de Vida Escuela de ministerio" como 3 días de nuestra semana encuentros y nuestro uno de una especie en línea escuela de Ministerio!

Le animamos a ir a www.francismyles.com y haga clic en la ficha "universidad" se convierta en parte de nuestra escuela en línea rápido crecimiento del ministerio. El Orden de Melquisedec Liderazgo Universidad" es una escuela de vanguardia del ministerio Vida en Reino Unido, Reino Unido, el Mercado Theonomics Ministerio, el Orden de Melquisedec y la 7 Las montañas de la cultura sólo para nombrar algunos.

Escuche lo que algunos de nuestros alumnos tienen que decir acerca de su tiempo en uno de nuestros 3 días intensivos Escuelas de Ministerio.

Adelanto el suyo para Reino Unido

El Dr. Francisco Myles,
Honorario

TESTIMONIOS

"El Orden de Melquisedec Conferencia con el Dr. Francis Myles es un deber para todos aquellos que busquen cosas más profundas en el camino de la fe. He tenido la bendición de asistir a esta conferencia con mi hija 21 años, Elizabeth. Salimos con un maravilloso entendimiento de quienes somos como hijas del rey. Hemos aprendido a aplicar estos principios como impulsar a nuestros mayores vocaciones. También hemos aprendido valiosos principios bíblicos de los negocios según el Orden de Melquisedec, que es en lo más alto de la integridad. Esta es una inversión muy pequeña de tiempo para un gran rendimiento."

- Teri Secrest, GERENTE GENERAL

Los Aceites Esenciales Healthline Inc www.oilsfromheaven.com, "Changing la forma en que el mundo piensa acerca de la atención de salud"

"El Orden de Melquisedec Liderazgo Universidad es un "debe asistir"! Como una de veintiún años después busca apasionadamente el corazón de Dios que tenía muchas lagunas y preguntas en mi mente antes de asistir a la Universidad. ¿Cómo puedo totalmente paso en mi destino? ¿Cuánto es mi vida y mi trabajo vale para Dios? ¿Dios me necesita? ¿Cómo puedo ser un cristiano y en el mercado? ¿Cuál es la diferencia entre ser un cristiano y un Reino Ciudadano? Todas estas preguntas y mucho más fueron contestadas por mí. Mi vida ahora tiene más poder. Por la mañana me despierto sabiendo que tienen un propósito, y que a través de mi Señor y Salvador mi puede fácilmente superar las barreras que se levantaba en mi camino a una vida de victoria. Comprender el Orden de Melquisedec, transformar tu vida para siempre".

– Elizabeth Williams
Salud y Bienestar Personal Coach

NOTAS

NOTAS

NOTAS

NOTAS

NOTAS

NOTAS

Made in the USA
Coppell, TX
31 October 2024

39409979R00090